文化交流は人に始まり、人に終わる

私の国際文化会館物語

加藤幹雄［著］

公益財団法人
新聞通信調査会

国際文化会館

松本重治氏（右）と著者の加藤幹雄氏（著者提供）

上空より全景（2006年にリニューアルされる前、『写真集国際文化会館』より）

増改築された本館と松本重治氏（1976年、『国際文化会館55年史』<英文>より）

西館より庭園を望む（『国際文化会館55年史』<英文>より）

新渡戸フェロー・シップの関係者（1986年）
前列左より3人目が松本重治氏。前列右から3人目が
著者（『国際文化会館の歩み』より）

国際文化会館設立準備会合でのロックフェラー3世（左から2人目）と
松本重治氏（同 3人目、1952年、『国際文化会館の歩み』より）

国際文化会館創立20周年晩餐会で、ロックフェラー3世に
感謝する松本重治氏（1972年、『国際文化会館の歩み』より）

日米関係史会議（河口湖富士ビュー・ホテル、1969年）。左より、
蠟山政道東京大学名誉教授、松本重治、高木八尺、ドロシー・ボーグ
（コロンビア大学教授）、コロンビア大学東アジア研究所所長ジョン・M. H.
リンドベックの各氏（『国際文化会館 55年史＜英文＞』より）

国際文化会館増改築竣工レセプション（1976年）
ジョン・ロックフェラー3世、松本重治氏、大平正芳外務大臣。
(『国際文化会館の歩み』より)

国際文化会館創立30周年記念「日米文化関係」会議（1982年）
（左より）ジョン・ホール（イェール大学教授）、マリウス・ジャンセン（プリンストン大学教授）、エドウィン・O.ライシャワー（ハーバード大学名誉教授）、松本重治の各氏（『国際文化会館 55年史＜英文＞』より）

はじめに

本書の長々しいタイトル――「文化交流は人に始まり、人に終わる」は、国際文化会館の設立に主役を演じた松本重治《しげはる》（一八九九～一九八九）先生が常々口にした言葉であり、文化交流における人物交流の本質的重要性を簡潔に説いた表現として、文化交流の仕事に携わる人々の間では一九六〇～八〇年代を通じさまざまな意味でよく引用された。

松本重治先生は、一九三〇年代にジャーナリストとして国際的に活躍し、戦後はいち早く旧友ジョン・ロックフェラー三世の協力を得て、民間による国際交流事業を立ち上げた。筆者は、その松本（本文中では先生という敬称を用いた）が国際文化会館で展開したさまざまな国際文化交流活動を間近で観察し、いわば松本主演の舞台で黒子に徹し、さらに松本没後の歴代後継理事長の時代にも三代（永井道雄、嘉治元郎、高垣佑《たすく》）にわたって同様な役割を、管理職（企画部長）、常務理事、そして常任参与として果たすことができた。このほぼ半世紀に及ぶ長い期間の終わり近くの二〇〇二年に『国際文化会館五〇年の歩み――一九五二―二〇〇二』を編纂し、二〇一二年には英文による国際文化会館五五年史（『The First Fifty-five Years of the International House of Japan : Genesis, Evolution, Challenges, and Renewal』）を書き上げ、そしてその三年後に『ロックフ

エラー家と日本　日米交流をつむいだ人々』を上梓したので、ジョン（ロックフェラー三世）とシゲ（松本重治）のコラボレーションとしての国際文化会館については、すべて書き尽くしたと思っていた。

ところが二〇一七年春、「国際文化会館アーカイブス基盤整備委員会」が設置され、その委員長後藤乾一（早稲田大学名誉教授）氏から、同委員会によるヒアリングをしたいという話が舞い込んだ。現役時代にやりたいと思いながら実現できなかったことの一つが、戦後日本の国際交流を裏方として支えた人々を選んでそれぞれのオーラルヒストリーをまとめることであったので、持ち込まれたヒアリングの要請には喜んで応ずることにした。そしてヒアリングの詳細について後藤さんと事前打ち合わせをした際、委員の間からすでに出ているという質問事項のリストをいただき、私の方からもぜひ触れておきたいことなどを示し、率直に話し合った。

その結果、後藤さんと次にお会いしたときには、最初のヒアリング要請が、私自身が複数の委員から提示のあった質問事項に触れながら手記を書いて欲しいという依頼に変わっていた。再びパソコンに向かって原稿を入力するのは、年齢的に大変な作業になるとは思ったが、一九二九年、太平洋問題調査会の京都会議で出会って以来お互いにファーストネームで呼び合う親密な関係を維持し続けたシゲとジョンの戦後再会から始まった国際文化会館の設立から現在に至る二人のコラボレーションの推移を間近で観察できる幸運に恵まれた筆者にとっては、前記三冊に収め切れなかったことも少なくない。また三冊とも筆者の個人的情感はできる限り排除して書いたことを考えると、私的な手記であることを勧める後藤さんの提案は魅力的で、断るのは困難であった。

シゲとジョンが手を携えて、戦後まだ日が浅く日本人は糊口をしのぐのに精いっぱいだった時代に、文化交流のために奔走する先見性を二人は共有していたのであったが、その背後には、米国の対日政策の大きな枠組みが存在した。そもそも、シゲとジョンの戦後再会を可能にしたのは、対日講和条約をまとめ上げる使命をおびてトルーマン政権が日本に派遣したダレス使節団の中に、ジョンが唯一の民間人として加えられたからであった。それは、親米的な日米文化関係を民間のイニシアチブで構築することが望ましく、そのためにジョンを活用するのが有効であろうとするダレス自身の考えによるものであった。

戦前の二九年にさかのぼるシゲとジョンの関係はおろか、両者のイニシアチブの背景について、何も知らずに両者のコラボレーションの結晶である国際文化会館（愛称アイハウス）に飛び込み、そこで半世紀を超す長い期間働いた筆者にとっては、「正史」の立場にとらわれずに書き残したいことは山ほどあり、その一端を自由に書く機会を与えられたのはありがたいことだった。しかし、さまざまな思い出を漫然と書き連ねたわけでは決してない。言及した多くの錯綜する人名を含むさまざまな固有名詞については、手元に残る日誌やインターネットによる検索などでそれぞれ再確認しながら書き進めた。

登場する人物に対する敬称は、先生、氏、さん、教授、博士などさまざまだが、文脈や筆者との親近性などを考慮に入れて使い分けた。一貫して先生を敬称として使ったのは、松本重治、高木八尺《やさか》、前田陽一、永井道雄、嘉治元郎、細谷千博氏ら数名に限ったが、これらの人々はすべて国際文化会館の歴史と密接な関係があり、三名（松本、永井、嘉治）は私が仕えた理事長であり、

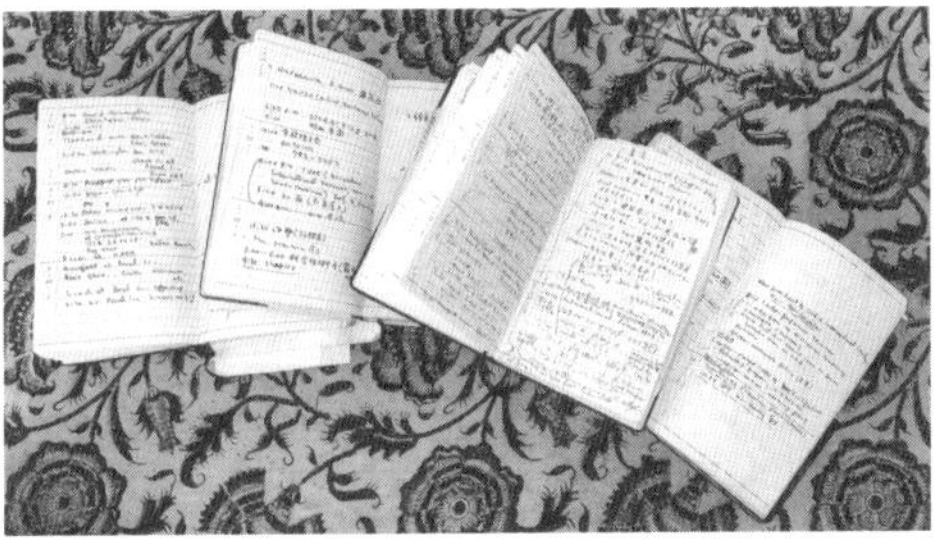

執筆の伴侶：岩波手帳見開き（上）と外観（著者より）

またすべて筆者が強い影響を受けたと感じている方々である。人名の肩書は、原則として言及した時点における肩書を用いたつもりだが、間違っている場合もあるかもしれない。外国人名については初出でアルファベット表記もつけた。全体をできる限り時系列に沿って追うには、七二年から使用してきた岩波手帳と八〇年から併用したＪＡＬグローバルダイアリーを保存していたことが、意外なほど役立ち、また印象や記憶が記録と必ずしも一致するものではないことを改めて知った。記録と記憶の乖離は、時の経過と共に広がるものであることも痛感した。

振り返れば、後藤さんから執筆を依頼されたときには、半年ぐらいで書き上げられると思っていたが、結果的には二年以上を費やし、世は平成から令和へと変わった。この間、後藤さんからは定期的に連絡をいただいたが、催促がましいことは口には出されず、お互いの共通関心事である阪神タイガースの勝敗に一喜一憂を分かち合うことに楽しい時を過ごし、最後に執筆の進捗に触れながら激励してくださった。それだけにとどまらず後藤さんは、途中の未完原稿を持ち帰り次に会うときには丹念に目を通された上での貴重な助言を丁寧に書き入れて返却してくださった。後藤さんの温かい激励と適切な助言に改めて感謝の意を表したい。

また、パソコンに入力した原稿を何度も丁寧に修正してくださった出版ＮＰＯフェスティナレンテ代表佐治泰夫さん（元アイハウス・プレス）の温かい根気強いご協力は、途中で何度も筆を折ることを思いとどまらせてくれた。本稿はまさにこのお二人の激励のたまものにほかならず、感謝の意は言い尽くせない。

参考文献検索にいつも丁寧に対応してくれたアイハウス図書室と企画部のスタッフにも感謝を表したい。また基盤整備委員会のメンバーである藤田文子さん（津田塾大学名誉教授）とアイハウス評議員でもある小川忠さん（跡見学園女子大学教授）のお二人から寄せられた助言と温かい励ましにも厚い感謝の意を込めて付記したい。

二〇二〇年六月

加藤幹雄

目次

第一章　国際文化会館との出会いと草創期の修業

温かい大きな手

半世紀以上にわたって私の職場となった財団法人（現・公益財団法人）国際文化会館（International House of Japan、以下原則として愛称のアイハウスとするが、文脈上国際文化会館とする場合もある）の存在を初めて知ったのは、一九五八年の九月、早稲田大学政治経済学部の就職情報掲示板に張り出された職員採用案内からであった。夏休みを郷里福島の田舎で過ごしキャンパスに戻ると、友人たちの多くは大企業への就職内定の話で賑わっていた。卒業後の進路については、大学院へ進むか就職するかをまだ決断できず迷っているときであったが、就職部に行って国際文化会館の求人条件の詳細を聞いてみた。対応してくれたのは年輩の寺沢富衛という方であった。寺沢さんは、就職部の嘱託であったが、丁寧に調べてくれた。創設間もない組織だが、これからの日本の将来に大きな役割を果たすことが期待されるという説明をして、寺沢さんは応募することを強く勧めてくれた。

当時は今とは違って大学二年次から就活をする現象など見られず、少なくとも四年次初めまでは勉学に集中できる良き時代であった。六〇年代の激しい学生運動でキャンパスが荒廃したり、一時閉鎖されたりする状況もまだ発生していなかった。寺沢氏の勧めと「国際文化」という言葉に惹かれて応募することにした。採用には筆記試験と面接を受けなければならないということで、指定された日に、地図を頼りに港区鳥居坂町二番地（現六本木五丁目一一―一六）へ。渋谷から新橋行きの都電に乗って出掛け、六本木で降り、そこから一〇分ほど歩いた。採用予定は一名に限られていたので筆記試験に来るのは数名に過ぎないだろうと思っていたが、意外にも試験会場（現在の別館講堂）には数十名（後に確認すると八一名）も集まっていた。

筆記試験の内容については何も記憶にない。数日後、筆記合格者に英語のヒアリング・テストをするので出頭されたしという速達便が届いた。ヒアリング受験者は七、八名に絞り込まれていた。樺山ルーム（現在の岩崎小彌太記念ホール）に集められた受験者の前に、大柄なアメリカ人男性が現れて、ヒアリング・テストについて日本語と英語で説明した。これから英文を二度繰り返して読み上げるので、よく聴いてその概要を日本語で書くようにと指示された。後日、知ることになるが、この大柄なアメリカ人はジョン・ハウズ（John W. Howse, 1924~2017）さんで、当時、国際文化会館の研究参与職にあり、内村鑑三についての研究をしていた。ハウズさんとのこの時の出会いが、五〇年以上にわたる親交に発展するとは思いもしなかった。

忘れないうちに、ここでハウズさんについて少し触れておきたい。アイハウスの研究参与という職制は、五二年の創設時から五七年まで常務理事として、松本重治先生を支え、特に海外との交信や英文による文書作成の任務を担っていたゴードン・ボウルズ（Gordon T. Bowles, 1904～91）氏が帰国した後に設けられた外国人を登用するポストである。最初に任命されたのは、英国人ジョン・ミルズ（John G. Mills, お茶の水女子大学講師）氏であったが、数カ月後にブリティッシュ・カウンシルのカイロ駐在代表に任じられて辞任したため、空席になった。国際文化会館の発祥につながる「知的交流計画」のアメリカ委員会を通してハウズさんが後任候補に推薦されると、松本先生は、当時国務省からコロンビア大学に戻っていたヒュー・ボートン（Hugh Borton）教授の指導で内村鑑三についての研究に取り組んでいたハウズさんをニューヨークで面接した上で採用したのであった。任期一年のポストである。

ハウズさんは、研究のかたわら、ボートン教授が取り仕切っていた「知的交流計画」のアメリカ委員会の事務も担当していたので、アイハウスのことはよく知っていた。新婚早々だったハウズさんは、リン（Lynn）夫人と共に来日して、松本先生が住む会館敷地内の専務理事邸に隣接する家屋に一年間住み、アイハウスの仕事をしながら内村鑑三研究も続けていた。六一年に博士号を取得すると、カナダのブリティッシュ・コロンビア大学（UBC）の助教授に就任、同大学にアジア研究学科を創設する中心的役割を果たした。同大学の日本研究センターが所属するアジアセンターの建物は、七〇年の大阪万国博覧会のサンヨー館を移築したものであるが、そ

日本研究家のジョン・ハウズ氏（『国際文化会館55年史』〈英文〉より）

れはハウズさんの奔走で実現したものである。ＵＢＣのキャンパス内には内村鑑三と札幌農学校の同期生でＵＢＣの近くの都市ビクトリアで客死した新渡戸稲造（一八六二〜一九三三）を記念する公園があり、そのためかハウズさんは、新渡戸稲造研究にも強い関心を寄せた。三〇年間にわたって在籍したＵＢＣを二〇〇七年に引退して間もなく、彼の内村鑑三研究の集大成が『Japan's Modern Prophet : Uchimura Kanzô 1861-1930』としてＵＢＣ出版局から刊行された。

ＵＢＣ引退後は、再び日本に戻り、桜美林大学で長く教壇に立ち、アイハウスにもよく姿を見せた。最晩年には、内村鑑三研究の日本語版出版のために歩行器に頼りながらも一度ならず来日し、アイハウスに宿泊しながら、翻訳者や出版社との打ち合せに精力を注がれた。ようやく二〇一五年一二月教文館から『近代日本の預言者――内村鑑三、一八六一－一九三〇年』として刊行されることになるが、ハウズさんはその二年後に亡くなられた。毎日新聞によるハウズさんのインタビュー記事「私と日本研究」は、七四年五月七日から一四回にわたって同紙に掲載されている。

採用試験の話に戻そう。筆記試験とヒアリング・テストを通過した五、六名が面接試験を受けた。面接する側のテーブルの中心に座っていた品格のある人物が「専務理事の松本重治です」と面接する側の自己紹介から始まった面接試験は、ほぼ二〇分ぐらい続いたが、専務理事を名乗った方が終始にこやかな表情だったので緊張感はなかった。

面接が終わり、退室しようとしたら松本氏が立ち上がり手を差し伸べて握手をしてくれた。面接の内容は記憶にないが、同氏の大きな手の温かい感触は六〇年後の今もなお残っている。採用は一名というので、あまり期待していなかったが、面接の二、三日後に速達で採用内定の通知を受けたときの喜びは今なお鮮明である。もう大学院へ進む計画を捨てるのに何の未練もなかった。

早速五八年一一月からアルバイトの形で週に二度鳥居坂に通い始め、翌年の四月から正規職員として仕事をするようになった。初任給は一万一〇〇〇円だった。しかもその一万一〇〇〇円も毎月二回の分割支給だったので、残業手当を入れても一回の受け取り額は数千円にすぎなかった。大企業へ就職した友人たちより二、三千円少なかったが、不満はなかった。翌年も大学新卒を対象にした公募が行われ、男子二名と女子三名が採用されたが、その一人である伊藤芳子（旧姓岡崎）さんが書かれた「国際文化会館時代」（個人の回想記として書かれたもので刊行されていない）によるとその年の応募者は一二五名もいたという。

庶務課でのさまざまな体験

最初に与えられた職務は、庶務課でのさまざまな雑用をこなすことであった。当時、国際文化会館のホテル部門は、日本郵船の子会社「横浜食堂ビル」という会社に委託して運営されていたのが会館直営に切り替えられて（五八年九月）間もない頃であった。直営化に伴っては、横浜食堂ビルの出向社員全員を受け入れたので、職員の数は会館施設が竣工する前の二〇名程度から一〇〇名近くに増大した。直営になってもホテル部門（業務部と呼ばれていた）の調理室や食堂サービス課の職員には、麻布保健所の定期的な検便が義務付けられていて、彼らや彼女たちの検査サンプルを保健所に運ぶのは庶務係の私の任務の一つであった。財団法人に移籍した業務部職員を含む全職員の厚生年金料、失業保険料、健康保険料などを毎月計算して一覧表を作成し、経理課に提出するのも私の仕事であった。慣れない算盤を使って、何度も検算した上で一覧表を提出したが、それでも経理担当者から間違いを指摘されたことが一度ならずあった。横浜食堂ビルから吸収された職員との間の融和を図るために「互助会」がつくられて、毎年六月に一泊二日の親睦旅行が行われたが、その世話役も庶務係の仕事であった。

庶務課の職員は四名で、責任者は上智大学神学部出身の菊池雄二さんであった。彼は病弱で、欠勤することが多かった。他の三名は新規採用の私のほかに二人の高卒者で、その一人は同盟通信社時代の松本先生の部下の娘であった。庶務課の守備範囲は広く、建物の維持管理や電話交換手、守衛、ボイラー室担当技術者などの労務管理事務なども含まれていた。電話交換室には四名の日勤女性と二名の夜勤男性がいた。夜勤の男性職員はアルバイト学生で、その一人角谷光生さんは後に触れるアーラム大学（Earlham College, Indiana）のジャクソン・ベイリー（Jackson H. Bailey）教授に登用されて同大学の日本語教師（後に美術教師）として長年教壇に立つことになる。

私が職員として仕事をするようになった五九年には、本館竣工後に追加した新館（現在のレストランＳＡＫＵＲＡ）の工事がまだ完了しておらず、清水建設の現場担当者のデスクも庶務課の片隅にあった。会館事務職員全員とホテル部門の管理職はすべて一つの大部屋に入っていた。その雑然としながらも活気に満ちた様子は、創設五周年記念に刊行された『写真集　Pictorial』に見ることができる。

定期的（三月、六月、一一月）に開かれる理事会・評議員会に提出する資料をまとめて印刷するのも庶務係の仕事だった。当時から八六年までは、理事会・評議員会の議題や報告書、そして議事録もすべて英文だった。ゴードン・ボウルズさんがこうした資料をすべて英語で用意された慣習が続いたためであろう。また役員にはアメリカ人に加え、ドイツ人やフランス人などもいたからでもあろう。私が庶務課に配属されていた当時、資料の作成は秘書室や調査室（蠟山道雄室長）などが担当し、それをステンシル（型板）にタイプしたものが、庶務課に回ってきて、それを手動の輪転機で印刷して大型ホチキスでほぼ一〇〇部製本するのも私の仕事であった。輪転機を操作する際にはインクの補給などで衣服を汚さないよう医師がまとうような白衣を着けた。印刷したものをページ順にそろえて作業が完成した頃に、修正ページが回ってくることもあった。

「横浜食堂ビル」社の代表として会館に出向し、総支配人として会館施設の運営がペイするよう苦心していたのは、日本郵船の主力客船「浅間丸」が日米交換船として運行されていた頃、同船のチーフ・パーサーを務めた経歴のある南条秀敬さんであった。南条さんは立教大学野球部で遊撃手として名を馳せた熱烈な巨人ファンで、巨人が勝った翌日には必ずスポーツ紙が南条さんのデスクにあった。立教大学野球部の後輩の長嶋茂雄選手も大先輩を尊敬し、南条さんも長嶋選手に特別な思いを寄せていた。現役引退後の長嶋選手が会館のコーヒーショップで南条さ

創設期のゴードン・ボウルズ常務理事（『国際文化会館55年史』〈英文〉より）

んと歓談している姿もよく見掛けられた。
日米交換船勤務時代には、グルー駐日米大使の誕生日に大使の部屋にこっそりとワインを届けて大使が大変喜ばれたことなども、南条さんからよく聞かされたことを思い出す。

鶏鳴狗盗《けいめいくとう》の時代

話は少しさかのぼるが、国際文化会館設立の構想が正式に具体化され（五二年一一月）、その事務局（松本先生、秘書、運転手の三名）は最初は竹橋のリーダーズ・ダイジェストビル会議室の片隅に置かれたが、すぐに大手町の東京銀行ビル四階に六〇坪のスペースを賃借して移った。会館施設が港区鳥居坂町二番地に竣工するまでの東銀ビル時代の職員はすべて、松本先生や樺山愛輔翁（初代理事長）らの推薦や依頼で急きょ集められた集団であった。その頃の職員の様子について、その集団の一員であった田辺龍郎さん（後の専務理事）は、中国戦国時代の名将孟嘗君の周りにいた一芸に秀でた多数の食客になぞらえて、次のように述べている。

大手町での二年半ほどの期間は、まさに国際文化会館の始動期であり、私にとっても忘れ難い青春の一時期であった。松本先生にとっては、この時期は白紙に好きなように線を引ける楽しさと線を引きながら形を整えてゆく、しかも独創的なものに仕上げていかねばならない苦労とが入り混じっていたむずかしい時代だったと思う。今振り返って、先生にお気の毒だと思うことは、先生を補佐する私ども事務局が必ずしも打てば響くような働きのできなかったことである。当時の事務局には、学校を出てすぐ採用された人は二名しかおらず、後は私を含めてすべて中途採用者であった。それも松本先生がこれと見込んでスカウトしてきたのではなく、失業したり転職を望んでいたりした人がつてを頼って求職にきたのを、来る者は拒まず式に採用したケースが多かった。それらの人びとは……いずれも一芸に秀でている人々が多かったのではあるが、松本先生を助けて、日本に全く存在しなかったような新しい組織を創り上げて行くには不向きであった。たとえば英文を書かせたら並の英米人よりうまいといわれたM氏とか、都市計画の専門家のH氏、世界連邦（運動）にのめりこんでいたU氏、明治の元勲の直系のS氏等々である。いうなれば松本先生が孟嘗君で、私どもが鶏鳴狗盗の食客という図式であった。（中略）私どもの不甲斐なさを補っていたのは、他ならぬ孟嘗君その人であった。松本先生は天賦の才に加えて、ジャーナリスト時代に培ったと思われる、他人からの情報を巧みに咀嚼して自家薬籠中の物とする才、長い文章にさっと目を通して大意を掴み、誤植まで指摘する才、人を見る目は優れていたとはいえないが人遣いの上手な才等々の特異な才を備えておられた。他人の情報を活用する才の最も成功した例が国際文化会館である。先生ご自身はアメリカのインターナショナル・ハウスに泊まられたこともないのに、その長所は採り、しかしながら学生の寮という安易な考えは排して、来日の学者文化人の寮という画期的な施設を作り上げた（『追想　松本重治』一六二〜六六ページ）。

田辺さんが指摘した草創期の職場のこのような雰囲気は、公募第一期生として私が採用された頃にもその名残が感じられた。すなわち、自由奔放な雰囲気がまだ十分感じられ、誰もがチーム松本のメンバーであるのを誇りにしながら働いていたことが新米の私にも強く感じられた。他方、財団法人組織としての規律性は緩く、就業規則も未整備状態であった。私に与えられた職務の一つは、職員が自己申請した時間外労働時間数を月ごとに一覧表に整理して経理部に提出することであった。職員が時間外勤務は事務職では少なく、多いのはほとんど食堂や調理室などホテル部門の職員であった。時間外労働記録は、残業した翌日に時間外労働時間（三〇分単位）届書（ピンク色の用紙）に記入され、私のところに各セクションの代表がまとめて持参した。時間外労働は給与に反映するので、各人の超過勤務時間の計算には十分注意したが、それでも二、三カ月に一度ぐらいは計算違いを犯し、本人のクレームを受けて修正することもあった。

福田クイーンダム

孟嘗君の食客たちは、組織の規律性などにはあまりこだわらなかったが、戦前に米国議会図書館の日本課長を務めた坂西志保（一八九六～一九七六）氏らの助言を得て福田直美さんが開設した会館図書室は、食客たちとは全く違う別の世界であった。福田さんは小さな図書室でも、利用者にとってベストの環境づくりを最優先する方針を最初から徹底して貫き、部下にもそのために必要な規律と行動を厳しく求めた。図書室内で立ち話を交わすことを厳禁したのはもちろんのこと、大声で仕事について話すのもルール違反だった。そうした福田さんの方針から、図書室のスタッフは自然に誰もが小声でひそひそ話すのが習性になっていた。図書室スタッフだけに限らず、図書室に一足を踏み入れれば誰もが福田さんの厳しい方針に等しく従わなければならず、それが国際文化会館図書室の伝統になり、今も継承されている。

当時の会館図書室は、アメリカの雑誌や歴史・外交・政治などに関する新刊書をいち早く読める数少ない場所であり、静寂さと窓のすぐ外に広がる緑の芝生と樹木の環境を満喫しながらくつろげる場所でもあり、オープン早々から多くの知識人をひきつけた。私が国際文化会館で仕事を始めた頃によく図書室で見かけたのは慶応義塾塾長を辞めて間もない小泉信三氏や戦後日本のロケット開発の先覚者糸川英夫氏、そして会館を定宿にしていた京都大学の言語学者新村出氏やモンゴル史の岩村忍氏らであった。こうした人々はいつも同じ席に座られていたのが印象的であった。

福田直美 初代図書室長
(『国際文化会館の歩み』より)

福田さんの図書室運営方針には松本先生も一目置いていたので、図書室は「福田クイーンダム」とも呼ばれた。アメリカ仕込みの厳しい「福田クイーンダム」は、日本に図書館学（ライブラリー・サイエンス）を定着させるパイオニア的役割を果たす人材、今まど子さん（中央大学名誉教授、作家今日出海の次女）や藤野幸雄さん（図書館情報大学元副学長）らを輩出した。「長銀国際ライブラリー叢書」を独力で、編纂刊行し、アイハウス・プレスの創設に貢献した佐治泰夫さんも六〇年代の福田門下の一人である。福田さんは、五三年に坂西志保氏の推薦でアイハウス図書室の開設準備責任者に採用され、財団法人化された国際文化会館設立準備室が東京銀行ビルの四階にあった時代から国際文化交流センターにふさわしい特色のあるライブラリーをつくる準備を始めている。単に特色のある図書室を築くことに限らず、日本における図書館の世界を従来の閉鎖的な書籍の番人的イメージから、利用者ニーズに応じたサービスを効率的に提供する世界へ変革する先駆者的役割を果たした。ロックフェラー財団の助成金を得て、日本の主要図書館の司書グループを編成し、アメリカの図書館について学ぶセミナーを定期的に開催し、その仕上げとして米議会図書館をはじめとするさまざまな図書館を視察する機会をつくるなど、日本にライブラリー・サイエンスを定着させる上で大きな功績を上げた。八二年、日本図書館協会は創立九〇周年に福田さんを特別功労者として表彰しているが、それは戦後初期から一貫して日本の図書館界の近代化に果たした彼女の功績をよく物語っている。「福田クイーンダム」のレガシーは、福田さんが定年退職した後の歴代ライブラリアン、藤野幸雄、東ヶ崎民代、小出いずみさんたちによって受け継がれ、その伝統は今なお健在である。

千客万来

二年に満たない短い庶務課勤務だったが、その間にいろいろな印象深い松本先生の友人たちに

アジア諸国留学生に奨学金を支給する髙山国際教育財団の評議員（選考委員会委員長）としてあいさつする著者（公益財団法人髙山国際教育財団提供）

出会った。

ニューヨーク日本国領事館におられた髙山成雄氏もその一人であり、諸外国との国際調和をはかるための一助として二〇〇一年に髙山国際教育財団を設立され、初代理事長に就任されている。

また、アイハウス内にデスクはないが、参与という肩書をもち、会館事務所に木戸御免で出入りする人々は少なくなかった。その中で特に印象に残るのは、戦前に京城帝国大学予科教授を務め、戦後は文部省（現文部科学省）の社会教育局長などを務めた佐藤得二氏である。当時佐藤氏は国際文化会館の参与職にあり、幾ばくかの給与を支給されていた。庶務課のある大部屋に時々姿を現し、新米職員の私にもよく声を掛けて励ましてくれた。佐藤氏は、旧制第一高等学校時代の松本先生の同級生で、先生同様長身でがっちりとした風貌の人物。いつもステッキを持っておられた。岩手県胆沢郡出身でその朴訥なしゃべり口に同じ東北出身の私は最初から親近感を抱いたが、長い間闘病生活をされているとは全く気付かなかった。その元文部官僚佐藤得二氏が『女のいくさ』（二見書房）という小説で六三年度の直木賞を受賞して大きな話題になり、私も驚いた。佐藤氏の評伝『教学の山河　佐藤得二の生涯』（佐藤秀昭著、岩手県金ケ崎町、九九年）に同氏と松本先生の関係も含めた次のような記述がある。

松本重治のアドバイスもあって、「荒縄でくくられた原稿」は、かつては文部省時代の部下であったが、作家では先輩になる今日出海のもとへ廻された。その今日出海は、「千数百枚の小説」を縄で縛って私の家へ持ち込んできた。……よくこれだけの仕事をしたというより、こんなものにいとど弱り果てた健康を捧げたのかと思うと、私は腹が立った……この小説の縄をほどいて読んでもみなかった。ところが出版社が出してくれるというのがあるといって原稿を持ち帰ってしまった。その出版社というのは、得二の著書『国民的教養の出発――日本地人論』を四二年に出したことがある二見書房であった。得二の一高時代の同級生であった川端康成は、『トイレのない列車』というタイトルのついた得二の原稿ゲラを三日かけて読み、推薦文を書いてくれタイトルを『女のいくさ』と命題してくれた。

西村光夫氏も頻繁に出入りした参与の一人である。彼は日本におけるスウェーデンの政治・経済・社会研究の先駆者で、六〇年代にスウェーデン社会研究所を設立し、後に世界経済調査会の仕事にも深く関わっている。同盟通信社のＯＢ蠟山芳郎氏（政治学者蠟山政道氏の実弟）もよく姿を見せた参与で、後に松本先生の『上海時代』の続編ともいえる『近衛時代』（八七年、中公新書）をまとめるのに貢献している。木戸御免で現れる同盟通信のＯＢの中には政治家に転身した人々もいた。森元治郎氏（社会党）や衆議院議長も務めた自由民主党の福田一氏らである。

庶務課勤務時代に出会った忘れがたい人物には、マラヤ大学の経済学者ウンク・アジズ（Ungku Aziz）さんもいた。アジズさんは、太平洋戦争中に日本政府による「南方特別留学生」制度で早稲田大学で学んでいた。終戦とともに帰国してしまったため学位を取得できなかったが、早稲田への思いは強く、博士号を取得するために再来日して会館に宿泊しながら最終段階であるディフェンス（日本語による面接試験）の準備をしていた。日本を離れてからは日本語を使う機会がなく、かなりさび付いてしまったのでディフェンスに備えて日本語を磨き直すため教師役をしてくれる相手を探しているとのことで、私にその役が回ってきたのである。上司からの勧めもあり、出勤時刻より一時間早く会館に来て、毎朝八時から一時間アジズさんの日本語特訓をお手伝いした。特訓といっても、食堂の外のテラスでコーヒーを飲みながら日本語で語り合っただけだった。ほぼ三カ月続いたこの特訓が果たして役に立ったのかどうかは分からないが、アジズさんは早稲田から経済学博士号を取得することができた。アジズさんは早朝出勤手当を支払いたいと申し出られたが、私は彼の博士号取得祝賀金として差し上げたいと言っていただかなかった。早稲田でのアジズさんの指導教授は後に六〇年代後半の学園紛争時の総長になる時子山《ときこやま》常三郎教授（財政学）だったと記憶している。その後アジズさんはマレーシアを代表する経済学者になり、マラヤ大学総長も務めた。八一年には国際交流基金賞を、九三年には福岡アジア文化賞を受賞している。

このアジズさんと私が再会するのは、アイハウスの新しい事業であった「アジア知的協力計画」の準備でクアラルンプールを訪問した六七年である。アジズさんは私のマレーシア訪問を非常に喜び、広いマラヤ大学のキャンパスを車で案内してくれ、また夕食会を開いて大学の主だった教授陣を紹介してくれた。「南方特別留学生」に関して付言しておきたいのは、インドネシアからの留学生として広島文理科大学（現広島大学）に学んだアリフィン・ベイ（Arifin Bey）さんだ。彼は奇跡的に原爆被害を免れ、戦後に外交官として再来日し、駐日インドネシア大使館文化担当参事官として活躍され、退官後も日本にとどまり、神田外語大学教授なども務めた。アイハウスのさまざまなプログラムに積極的に参加された数少ないインドネシア人の一人である。

企画部へ配属

庶務課で一年半ぐらい仕事をした後、プログラム担当部門（企画部）へ配置転換になった。当時の企画部を統括していたのは、後に現代インド研究者として知られるようになる大形孝平さんであった。大形さんは満鉄調査部から同盟通信に移った同盟ＯＢだったので、松本先生とは旧知の間柄であった。大形企画部長の下に連絡課長の加固寛子さんがいて、私は彼女の下で働くことになった。企画部に配置されたことで、アイハウスへ職を求めた意味が私の心の中で重みを増し

1960年頃の国際文化会館のプログラム委員会。
中央に松本重治氏。その両側に前田陽一、松方三郎の両氏（『国際文化会館の歩み』より）

ていく。企画部は、アイハウスのいわば心臓部で、松本先生の直参グループとして機能していて、松本先生と毎日身近に接する機会があるのが何よりうれしかった。企画部のオフィスには、松本先生自身だけではなく、先生を助けて国際文化会館の創設に関わった人々が頻繁に姿を見せていた。松本先生の隣の部屋には先生の恩師で日本のアメリカ研究の始祖といわれる高木八尺《やさか》先生や新渡戸稲造の薫陶に幼少時から直接接したフランス思想研究者前田陽一先生らのデスクがあり、お二人とも定期的に現れていた。

その頃高木先生は、新渡戸稲造著作全集の編纂をされており、それを手伝っていた小林善彦さん（当時東京大学教養学部助手、後に同大学教授を経て日仏文化会館常務理事を務められた）も高木先生が来られるときには必ず見えておられた。研究参与でもあった前田先生は、週一度の頻度で松本先生の部屋で開かれるプログラム委員会にも出席された。松方三郎氏（共同通信社常務理事）もプログラム委員会に出席することが多かったのを覚えている。企画部スタッフは記録係として順番制でこの委員会に出席できたので、上層部の考えや皆さんが天下国家を論ずるのを聞くことができ刺激的だった。

当時は、最初から財団法人に所属する職員のための食堂はなく、椿貢料理長が用意した弁当を雑用係のおばさんが各職員のデスクに運んで来てくれた。横浜食堂ビルから吸収された現場の職員たちは、地階厨房近くの窓なしの薄暗い空間で質素な食事をとっていた。日本郵船「浅間丸」のシェフだった椿さんが用意される昼食は、毎日楽しみであった。そして毎水曜日には、企画部全員が樺山ルームで松本先生やハウズさんを囲んで昼食を共にしながら情報を共有する機会があったよき時代であった。しかし、このような贅沢な慣習は、六〇年代半ばに研究参与制度がなくなると廃止されてしまった。

松本先生の存在感

私は組織上、直接松本先生から指示を受けて動く立場ではなかったが、時々先生から呼び出されることもあった。そうした機会で今も強烈な印象として残っているのは、専務理事室で松本先生がアメリカ人来客に対応中、すぐ来るよう指示された時のことである。先生が面談されていたのは外交問題評議会（Council on Foreign Relations）の研究部長フィリップ・モズレー（Philip E. Mosley, 1905〜92）博士であった。彼はポツダム会談でトルーマン米大統領のロシア語通訳として活躍し、その後、コロンビア大学にロシア研究所を設立するなどアメリカのソビエト研究の第一人者として国務省のソビエト政策立案にも深く関わった人物である。先生から呼び出しを受けたのは、モズレー博士が希望する日本人とのアポイントメントを取りつける手伝いをするためであった。

この時の情景が今なお私の目に焼き付いているのは、この著名なアメリカ人学者を前にした先生の堂々たる態度を目の当たりにして圧倒されたからである。戦後日も浅い当時、日本人がアメリカ人と接するときには無意識にへりくだる傾向が見られたが、この時私の目に映ったのは、手にしたパイプの煙をくゆらせながら穏やかな口調で話をする松本先生とその前でかしこまった姿勢で先生の言葉に熱心に耳を傾けているモズレー博士の姿であった。それは私の潜在意識になんとなく存在していた勝者としての威圧的アメリカ人に対する謙遜過剰な敗者日本人という図式を逆転させた光景であり、カルチャーショックを受けた。一〇日間ほど滞在したモズレー博士の世話をする役割を与えられた私は、欣然としてスケジュール作成やガイド役などに励んだことが懐かしくよみがえる。

その時点では、二年後にニューヨークのモズレー博士邸で夕食に招かれることになるとは思いもよらなかった。当時から少なくとも八〇年代までは、松本先生や会館図書室などにさまざまな協力を求めてくる個人を支援する活動は、「個人に対する援助」というカテゴリーでプログラム活動の重要な一つとして明確に位置付けられていて、何らかの協力や便宜を供与した個人名リストは、理事会に提出する資料にも含まれていた。フィリップ・モズレー博士と応対している松本先生の姿に私が驚いたことに通じる、先生が自然に醸し出す雰囲気や存在感について、粕谷一希氏（元『中央公論』編集長）は次のように書いている。

松本重治という名前を最初に記憶したのは一冊の書物の訳者としてであった。社会思想研究会出版部刊行の、チャールズ・A・ビーアド著『共和国』はA5判の上下二冊本として、昭和二十四、五年に刊行されている。それは岩波から出た、リリエンソール『TVA』、G・ケナン『アメリカ外交五〇年』などと共に、学生時代の私の乏しい、しかし新鮮なアメリカ像を形成している。けれどもそれはあくまで抽象的な名辞としてであって、松本重治氏について何ら具体的像をもっているわけではなかった。

昭和三十年、中央公論社に入社して以来、嶋中社長や諸先輩の後について鳥居坂の国際文化会館に赴き、また外遊から帰国される氏を羽田に迎えるという経験を何回かもった。日本人としては並外れた長身、柔和な目と通った鼻筋、手放したことのないパイプなどすべて洗練された英国ふう紳士であり、一見、近づきがたい貴族の風貌であった。ともかく抽象的名辞が、はじめて具体的な相貌をもって眼前に出現したのである。（『粕谷一希随想集　I忘れ得ぬ人々』〈藤原書店〉、二〇一四、三一九〜三二二ページ）。

粕谷氏が抱いていた抽象的名辞が「具体的な相貌をもって」現れた松本先生の風格と存在感は、会館の食堂で外国人と談話をしている風情、大小さまざまな会議を流暢な英語で司会する巧妙な話術、そして晩年にはステッキを手にしてロビーを歩く姿などすべてによく反映され、会館にさまざまな人々を惹きつける大きな磁力であったことは間違いない。松本先生と面識のない人が会館に来て松本先生の姿を見掛けると、「あの方はどなたですか」と会館スタッフがよく質問されたが、それは松本先生が強力な磁場をつくり上げていたことをよく物語っている。

まさに千客万来だった六〇年代に松本先生の秘書としてほぼ五年間勤務した伊藤芳子さんは、すでに言及した私記「国際文化会館時代」の中で次のように述べている。

松本重治理事長と粕谷一希 元『中央公論』編集長（国際文化会館提供）

　秘書業としては、まずは松本先生の毎日のスケジュールを作成、誰でも見られるオフィスの掲示板と先生が持っておられる手帳を常に突き合わせて更新していくこと、それには、出席する会議・会合を決め、その間に個人の面会を入れていき、毎朝運転手とその日の外出予定を打ち合わせる。苦労したのは電話による面会申し込みで相手が誰なのか見当がつかない場合です。一応電話を切って、International Who's Whoや人事興信録、過去のファイルの情報を調べる訳ですが、一度どうしてもわからない。諦めて恐る恐る「小原さんとおっしゃる方からお電話がありました」と申しあげると「ああ、それは上海時代の小児科の先生。」――これは分かる筈がない。来館されても偉いお方ほど名刺にお名前と住所しか印刷されていない。どうゆう時間に何分とるか、思想的に対立する人たちの面会は十分離して鉢合わせしないようにする等々松本先生の健康管理も考慮して気を抜く間がありませんでした。

二つ目は文書の仕事で宛先部署が明記されていない海外からの手紙はすべて開封して処理すること。回覧したり、返信したりした後はインデックスを作成しながらすべてファイルし、その膨大なファイルを管理すること。そして、その合間はいつも機関銃のように旧式の英文タイプライターを叩いていました。手紙文、理事会関係文書、スピーチや論文、全部大文字で打つ電文等々で、夫々の書式も習得できました。

ユージン・ラングストン氏

マリウス・ジャンセン教授
（上下とも『国際文化会館55年史』〈英文〉より）

伊藤さんが正確に回想している秘書の仕事場は、本館竣工後に吉村順三氏に設計を依頼して建てたデザインが全く同一の二棟の家屋の一つの中にあった。両棟とも本館に隣接して建てられ、一方には松本先生と家族が住み、他方は研究参与のハウズさんとその家族の住居に使用され、その後はジャパン・ソサエティーの事務次長ラングストン（Eugene Langston）さん、そしてプリンストン大学教授に就任して間もないマリウス・ジャンセン（Marius B. Jansen）さんなど歴代の研究参与が住んだが、海外から研究参与を招聘する制度が六〇年代半ばに廃止された後は、オフィスとして使用され、二階部分が松本先生のオフィスと小さな会議室、そして高木先生と前田先生が共有する部屋もあった。一階には秘書室、調査室、そして企画部があった。私が庶務課から企画部に配属された六一年当時、企画部は庶務課と同じ本館の大部屋に雑居していたが、木造建物に移ると、松本先生の存在をより身近で感じる機会が増え、またモズレー博士を世話したときのように、松本先生から直接指示を受けて働く機会も増えていった。

個人の触れ合いを重視

個人間の相互理解を深めることが文化交流の最も重要な基盤であるとする固い信条をもっていた松本先生は、会館施設が稼働し始めると、毎週水曜日の午後に「ハウス・ティー」を催して、宿泊者たちと直接接触する機会をつくった。宿泊者全員に簡単な招待ノートをそれぞれのキーボックスに入れ、特別な予定がなければお茶をご一緒しましょうという誘いである。松本先生と花子夫人がホストで、企画部職員も交代制で出席するのが慣例であった。松本先生夫妻は、出席したゲストたちが自己紹介をするだけでなく、未知のゲストたち同士も親しくなるきっかけとなるよう配慮して接待された。ゲストたちが困っていることがあれば遠慮なく松本先生自身や職員に相談できる雰囲気づくりに夫妻で意を注いだのである。

ハウス・ティーに集まるゲストの数はせいぜい一〇名程度にすぎなかった。図書室に毎日通っていたインドの若い日本研究者は、ハウス・ティーで供応されるクッキーがお目当てだったようだ。いつも必ず顔を出すが、他の人と交わらず離れたところで、クッキーを独りで黙々と食べていた。ハウス・ティーは出席者の数に関わりなく長く続けられた。このささやかな茶会での松本先生との出会いが端緒となり、新しい人脈が膨らみ、それが日本人研究者との共同研究プロジェクトなどへと発展したケースも少なくない。個人と個人の間の信頼関係構築を手助けするのが文化交流の最も重要な使命であるとする考えを、松本先生は「文化交流は人に始まり、人に終わる」と表現し、それを口癖のように繰り返されていた。『學士會会報』(第七二九号、七五年九月)に寄稿した「国際文化交流についての所感」の中で詳述しているのも人物交流の重要性についてである。先生が言い始めた「文化交流は人に始まり、人に終わる」は、後にさまざまな人々がさまざまな文脈で引用するようになったが、松本先生が最も重視したのは、個人と個人が向き合って自由に、腹蔵なく一対一で語り合える場、すなわち「テ・タ・テ」(tête-à-tête)の対話の場を創出することであった。そしてそのような接点がやがてより広がりのある面へと発展するのを期待したのであろう。

デービッド・リースマン夫妻（1961年）とジョージ・ケナン夫妻（1964年）
（左右とも『国際文化会館55年史』〈英文〉より）

しかし、先生のそのような信条に基づいたアプローチを疑問視し、批判する人々もいた。前に触れた松本先生の一高時代の友人で六四歳で直木賞を受賞した佐藤得二氏もその一人だった。佐藤氏は、「君がやろうとしているのは、太平洋の水を茶碗でかいだそうとするようなものだね」と揶揄したが、松本先生の信念は変わらなかった。もちろん松本先生は、佐藤氏の揶揄に真実の一面があるのを百も承知の上で恩師高木八尺教授らと共に、国際文化会館設立に先行して「知的交流計画」を立ち上げ、エリート知識人の個人対個人の交流を促進する事業を始めたのであった。そして国際文化会館構想が具体化され施設ができ上がると、「知的交流計画」はその中核事業として展開されるようになる。「知的交流計画」を立ち上げた当初は、講和条約（サンフランシスコ平和条約）締結直後の二年間を想定し、主として日米間で集中的な人物交流を実施する計画であったが、結果的には八〇年代まで続く事業となった。「知的

知的交流計画日本委員会創設以来の委員・武田清子教授（『国際文化会館の歩み』より）

交流計画」の運営は、日米双方に組織された知的交流委員会の合意を前提として人選や日程調整などが行われた。日本委員会は高木委員長、松本先生とボウルズさんが幹事という体制で、招聘する人物ごとに受け入れ準備委員会を組織して、きめこまやかに日程や会わせる人々の人選などが行われていた。

私がプログラム部門に配属された頃は、「知的交流計画」の第二次黄金期と呼んでもいい時代で、物理学者オッペンハイマー（Robert Oppenheimer, 1904~67）、神学者パウル・ティリッヒ（Paul Tillich, 1886~1965）、社会学者デービッド・リースマン（David Riesman, 1909~2002）、そして外交官で学者でもあるジョージ・ケナン（George Kennan, 1904~2005）氏らが次々に来日した。ティリッヒ博士の来日は、日米安保条約改定反対運動が頂点の時期と重なり、都内の移動にはデモ行進路を避ける配慮が必要だったことやドイツ出身の神学者のドイツ訛りが強い英語を理解するのが容易でなかったことなどが思い出される。

ティリッヒ夫妻を日光に案内したことも忘れがたい。中禅寺湖畔に立ち男体山を見上げている夫妻に、どこからともなく現れた中年男の物乞いが近づいてきて執拗にお金を恵んでくれと言い出した。当時の日本の観光名所にはまだこうした物乞いがいたのである。私はティリッヒ夫妻に迫る物乞いを何とか退けたが、その様子を見ていたティリッヒ博士は、深いため息交じりで

"Nature is better than human"とつぶやいた声は今も耳に残る。ちなみにティリッヒ博士受け入れ準備委員会を取り仕切ったのは、武田清子さん（国際基督教大学教授、二〇一八年没、享年一〇〇）であった。ティリッヒ博士は国際基督教大学で講演する予定であったが、前日に腹痛に見舞われて休止した。それが急死と誤報され、一時騒然となったのもこの頃のことだ。

第二章　アメリカ体験

アメリカ留学

企画部に配属されて松本先生の至近距離で仕事ができることで日々の生活に充実感を覚えていた頃だった。米国留学とニューヨークの姉妹機関ジャパン・ソサエティーでの研修を終え復職して会員課主任職にあった田辺龍郎さんから、米国大使館人物交流部（当時は虎ノ門の旧満鉄ビルにあった）の広報誌『Pacific Bridge』（一九六〇年一一月三〇日号）をいただいた。それにはブランダイス大学（Brandeis University）がウィーン奨学金（Wien International Scholarship）による海外からの留学生を募集しているという情報が掲載されていた。そして田辺さんは挑戦してみたらと、応募を勧められた。ブランダイスという大学名は聞いたことがなかったので、自分で調べてみた。イスラエル建国に合わせて米国のユダヤ人コミュニティーが資金を集めて創立した歴史の浅い大学だが、評価の高い大学であること、そして大学の名はユダヤ人で初めてアメリカ最高裁判事に就任しリベラル派として知られたルイス・ブランダイス（Louis Brandeis, 1856～1941）を記念して命名されたことなどがすぐに分かった。アメリカ留学は、当時の若者の多くが抱いていた夢であり、小田実の『何でも見てやろう』が空前のベストセラーになっていた時代である。しかし就職後二年そこそこの新米職員が留学休職させてもらえるか、またその前にまずブランダイス大学から入学許可と奨学金を取れるかどうかなど不安は少なからずあったが、思い切って挑戦を決意し、米大使館人物交流部に詳細を聞きに行った。清水さんという名の中年の日本人女性が親切に対応してくれた。応募するには米大使館の教育担当参事官の面接を受けて推薦状を添付しなければならないことやブランダイスの奨学金は渡航旅費が含まれないので、フルブライト委員会に渡航費給付を申請する途があることなど丁寧に説明してくれた。

ブランダイス大学入学許可を含むすべてをクリアした後で、上司に留学希望を伝えると、無給休職扱いですんなり許可された。フルブライト委員会の渡航費給付申請者の面接試験会場は国際文化会館の別館セミナールームであった。数名の面接委員の中には、図書室長の福田直美さんがいたので驚いたが、福田さんはそしらぬ顔をして座っていて質問はしなかった。内定をいち早く知らせてくれたのも福田さんだった。こうして私は、フルブライト一〇期生の一人として六一年八月パンアメリカン航空機で羽田を出発した。

前年まではフルブライト留学生たちは氷川丸に乗り二週間かけて太平洋を渡っていたが、この年からターボジェットの航空機に切り替わった。当時は、ターボジェット機でも途中給油なしで太平洋を飛び越える能力はなく、途中で燃料補給が必要だった。まずウェーク島に立ち寄り、次いでホノルルに寄り二回の燃料補給をした。ウェーク島では機外に出ることはできなかったが、窓から旧日本帝国海軍の撃沈された軍艦の一部が海上に錆びついた残骸を晒しているのを目にした。

ホノルルでは入国審査があり、パスポートだけではなくフルブライト委員会の指示で大型封筒に入れて持参した胸部レントゲン写真が点検された。在日米国大使館で留学ビザを取得するまでの手続きの中で印象に残るのは、一通りの質問が済んだ後に、ある宣誓書に署名させられたことである。それは申請者が過去も現在も共産主義者でなく、そして将来も共産主義者になることはないという内容の宣誓書である。過去や現在について質されることに違和感はないが、将来についてまで個人の思想信条を縛るのは、アメリカらしくないとは感じたが、留学を棒に振るわけにはいかず、言われるままに署名した。今にして思えば激しく吹き荒れた「赤狩り」の狂気がまだおさまっていなかった時代のアメリカであった。

エドウィン・ライシャワー駐日米大使（『国際文化会館55年史』〈英文〉より）

手続きが完了するとエドウィン・ライシャワー駐日大使の署名入りの『A Japanese History』をいただいた。この名著はその後三年に及ぶアメリカ滞在中にさまざまな機会で日本について話をするのに役立ち、今も大切に保存している。ホノルルからロサンゼルス空港に着き、荷物を受け取り、トゥーソン行きの便の搭乗ゲートを探していると、眼鏡をかけた中年のアメリカ人女性がにこにこしながら話しかけてきて「あなたはミスター

Kato で、トゥーソンに行かれるのでしょう」と言うので驚いた。よく見るとその婦人は "Foreign Student Service" という腕章を付けていた。フルブライト留学生など海外から到着する留学生の案内役をするボランティアであった。YMCAなどがそのネットワークを活用して全米の主要国際空港にボランティアを配置してあらかじめ入国予定留学生の情報を取得しておき、入国時に案内などのサービス活動をしていたのである。アメリカがボランティア活動の盛んな社会であることは、出発前に高木先生からいただいたトクヴィル（Alexis de Tocqueville）の名著『アメリカの民主々義』（杉木謙三訳〈朋文社〉五七年）を読み、観念としては理解していたが、まさか自分がすぐにその恩恵にあずかることになるとは思いもよらなかった。ロサンゼルス空港で不安げに周りを見ていた私にとって、この親切なボランティアとの出会いは、まさに地獄で仏であり、私のアメリカに対する特別な思いの原点でもある。

ボストンに近いところにあるブランダイスへ入学するのに、ボストンから遠く離れた北米南西部のトゥーソンへ向かったのは、そこに所在するアリゾナ大学（University of Arizona）で英語研修を受けるためであった。当時のフルブライト留学生は、それぞれが入学する大学に行く前に米国内での英語特訓プログラムの受講を義務付けられていて、私の場合はアリゾナ大学で四週間の訓練を受けることになった。

トゥーソン空港に降り立つと、そこにもボランティアが待っていてくれ、入居する大学ドミトリー（宿泊施設）まで車で案内してくれた。トゥーソンはアリゾナの州都フェニックスの南東ほぼ一〇〇キロに位置する同州第二の都市であるが、砂漠のど真ん中の街で周りには巨大なサボテンが林立しているようなところである。西部劇映画の名作「ＯＫ牧場の決闘」の舞台であるＯＫコラルにも近い。真夏のトゥーソンは灼熱の暑さだが、湿度が低く不快感はない。なぜフルブライト委員会が英語研修の場としてアリゾナ大学を選んだのか分からないが、いま振り返るとアリゾナで四週間も過ごすことができたことに感謝したい。ここでの英語研修に参加したフルブライターは総勢五〇～六〇名で、主としてアジアや南米からの留学生で、日本人は一〇名ぐらいだったかと思う。最年少者は、インディアナ大学音楽部に入学する堤剛氏（チェリスト）であった。堤さんは同大学卒業後も長くアメリカにとどまり、国際的なチェリストとなり、帰国後は二〇〇四年から一三年まで桐朋学園大学学長を務め、文化功労者にも選ばれている。

アリゾナでの英語研修は、まずプレースメントテスト（組み分けをするテスト）があり、参加者を能力に応じた小グループに分けてそれぞれに適した訓練プログラムが組まれた。私たち日本人にとっては、会話能力訓練以外は退屈なほど簡単な内容だった。朝七時から授業は始まるが、正午までで終わる。二週間ぐらい過ぎると最初の緊張感から解放され、日本人仲間の誰かがレンタカーを手配して、週末の真夜中に出発してグランドキャニオンを観に行ったり、メキシコの町ノガレスへ行ったりしてアリゾナでの一夏を満喫した。その思い出を共有する友人もほとんど他界し、私の知る限りでは堤氏以外では平野裕氏（元毎日新聞社副社長、現日本翻訳家協会理事長）だけである。会館図書室スタッフだった藤野幸雄さんも同期のフルブライターでトゥーソンでも一緒だったが、彼も数年前に亡くなった。建築彫刻家として世界的な存在となる伊原道夫（マサチューセッツ工科大学〈ＭＩＴ〉に行かれた）さんもアリゾナの英語研修で一緒で、七〇年代までは交流があったが、その後は音信が途絶えてしまった。

トゥーソンでの英語研修を終えた後、ブランダイスへ向かう前に数日間の余裕があったので、ニューヨークを是非見ておきたいと思い、シカゴ経由でニューヨークに入り、エンパイアステートビルのすぐ近くにあったYMCAに三泊した。宿泊料は、一泊三ドルだった。

ニューヨークに着いて真っ先にしたのは、エンパイアステートビルの最上階から摩天楼が林立するニューヨーク市を鳥瞰することであった。そして次は、サークルラインという観光船に乗りマンハッタン島を一周した。ウェストサイドの波止場からハドソン川を南下し自由の女神像の近くを過ぎてからイーストリバーに入り、これを北上、国連本部ビルなどを過ぎてさらに北上すると間もなく、ヤンキースタジアムが視界に飛び込む。その後再びハドソン川に入り、ニュージャージー州を右手に見ながら出発埠頭に戻るほぼ三時間の船旅で、ニューヨーク市観光の定番だが、アメリカ文明を象徴するこの大都市の一端を初めてわが目で見て確かめた感激は忘れがたい。

日本を出発する前に、米国留学をモズレー博士に手紙で知らせると、ニューヨークに来ることがあれば是非連絡するようにと電話番号を知らせていただいていたので、恐る恐るYMCAのペイホン（公衆電話）から電話をすると、明日の晩自宅での夕食に招きたいということで、住所を教えてくれた。当時、モズレー博士は、コロンビア大学教授と外交問題評議会の研究部長を兼務する多忙な身にもかかわらず、大学近くの自宅アパートでの夕食に招いてくれた。夫人と娘さんと三人暮らしで、娘さんがピアノを弾いて歓迎してくれたが曲名は記憶にない。

本稿を書くにあたって、モズレー博士について調べてみて、博士がアメリカにおけるスラブ研究の泰斗にとどまらず、アメリカの対ソ政策形成過程に積極的に関わり、六〇年代には二大国間の軍縮・管理合意形成に大きな役割を果たしたことなどを知った。またモズレー博士は、ACLS（American Council of Learned Societies）とSSRC（Social Science Research Council）が協力してスラブ研究の振興と研究者の育成を目指す組織としてフォード財団の助成金でACLS／SSRCスラブ研究合同委員会を立ち上げる主役を果たしている。そして、プリンストン大学の著名な歴史学者でスターリンの優れた評伝家として知られるロバート・タッカー（Robert C. Tucker）はモズレー博士の直弟子であることなども初めて知った。モズレー博士は、象牙の塔に閉じこもった学究ではなく、国務省、大統領府、国防総省、中央情報局などの政策形成に積極的に関与する実践派の研究者であった。ロシア語に精通し、ソ連に対して融和的立場を取り、ロックフェラー財団が支援した太平洋問題調査会（IPR）のアメリカ委員会にも深く関わっていたため、五〇年代前半のマッカーシー上院議員による「赤狩り」旋風の矢面に立たされることともなった。米ソ冷戦期に「地域研究」という新しいアプローチの重要性を説き、それを推進するための財団助成金調達に奔走した。前述のACLS／SSRCスラブ研究合同委員会は、地域研究の嚆矢《こうし》であり、日本研究合同委員会もその流れの中から派生したものである。

ブランダイスで学んだのは

ニューヨークを発っていよいよ最終目的地のブランダイス大学の最寄りのボストン空港へ向か

ったのは六一年九月初旬だった。飛行機の窓から眼下に広がるのは、アリゾナとは全く違った緑の森に覆われたニューイングランドであった。ボストンのローガン空港にもボランティアが待っていた。今度は、ブランダイスの学生でドミトリーまで案内され荷物も運んでくれた。割り当てられたのは、二人用の部屋でルームメイトになる人の荷物がすでに運び込まれていた。できればシングルルームを望んでいたので、すぐに部屋替えを申し込んだが、新入生の中に日本人のルームメイトを強く希望している学生がいるので、少なくとも最初の一学期は二人部屋で我慢してほしいとのことだったので、従うことにした。

やがて現れたルームメイトは、新入生には見えない私とほぼ同年の大男アンソニー・ベル君だった。四年間兵役に就き、除隊後にいわゆるＧＩビル（復員軍人援護法）の恩典を活用して大学に進学したのだという。米海兵隊員として二年間沖縄の糸満市に滞在したことなどを話してくれた。恥ずかしいことだが、糸満という地名はその時まで私は知らなかった。ベル君の父親はＭＩＴの教授でブランダイス大学に近いニーダムという町に住んでいるので紹介したいなどと沖縄方言交じりの日本語で話してくれた。トニー（アンソニーの愛称）はフレッシュマン（一年生）だが二〇歳を超えていたので、キャンパスに車を置くことが許可されてフランス製の小型車を乗り回していた。

ブランダイス大学のあるウォルサムは、かつて時計の生産地として世界にその名を知られた町だったが、六〇年代には時計産業は衰退してしまっていた。それに代わる新しいハイテク産業の萌芽にはまだ時間を要していた頃である。ブランダイスのキャンパスは、廃校になったミドルセックス医学校の跡地を利用して開発され、医学校時代の中世ヨーロッパの城郭に似た円筒状の古めかしい建物で、キャッスルと呼ばれていた女子学生用ドミトリーがキャンパスの象徴的な存在であった。後に、鶴見俊輔さんの『思い出袋』（岩波新書、二〇一〇年）を読み、ハーバードに進む前に一年間、ミドルセックス・ハイスクールに在籍し、同級生のケネス・ヤング（後の駐タイ米大使でアジア・ソサエティー初代会長）氏の家に寄宿していたことを知った。

私がブランダイスに落ち着いた頃のアメリカは、四三歳の若いケネディ大統領が就任後間もない時代であり、ケネディが掲げた「ニューフロンティア」を求めて国民は結束し、全国的に高揚感がみなぎっていた。ケネディ大統領が就任演説で説いたあの有名な一節"ask not what your country can do for you; ask what you can do for your country."を、誰もが好んで口にしていた時代である。ブランダイスの書店にも、ケネディの著作としてよく知られ、ピュリッツァー賞にも輝いた『勇気ある人々』（Profiles in Courage）が山積みしてあった。

新しい環境への適応にはとまどうことが少なくなかった。その最たるものが入学直後に行われた厳しい身体検査である。医務室に入ると文字通り素っ裸にされ、性器や肛門などに至るまで綿密に検査され、屈辱感さえ覚えた。かつて日本でも、男子は二〇歳になると徴兵検査が義務付けられていて厳しい身体検査があったことは知っていたが、それでも褌《ふんどし》は身に付けたままだったと聞いていた。もちろん逆に楽しい思い出も多い。六〇年代初めの米国では、日本からの留学生はまだ少なく、地域コミュニティーの温かい歓迎イベントなどがよく開かれて招かれた。ブランダイスの近くには、コンコード、レキシントンなどアメリカ独立戦争と関わりの深い古い町が美し

建築家のヴァルター・グロピウス夫妻、京都の寺院にて（1954年、『国際文化会館55年史』〈英文〉より）

い姿を残して点在している。リンカーンもそのような美しい近隣コミュニティーである。そのリンカーンには、国際文化会館が初期の人物交流事業で日本に招聘した著名な建築家ヴァルター・グロピウス（Walter Gropius, 1883～1969）氏が自ら設計した瀟洒な邸宅に住んでいた。グロピウス夫人（アルマ）が自宅で開いてくれた留学生歓迎パーティーにも、他の大学にいる日本人学生一〇人ほどと一緒に招待された。いろいろな国の留学生たちがそれぞれお国自慢の芸を演じたりしたが、我々は「荒城の月」を唄ったことが懐かしく思い出される。

ブランダイスでは「スペシャル・スチューデント」という資格で受け入れられたので、学位を取る制約なしに自由に好きな科目を選択することができた。アメリカ建国史やアメリカ労働史などのほか、マックス・ラーナー（Max Lerner）氏のセミナー「アメリカ文明論」を取った。ラーナーはジャーナリストで『America as a Civilization: Life and Thought in the United States Today』（1957）の著者として知られていた。ラーナーが書くコラムはＡＰ通信を通じて世界中に配信され、『ジャパンタイムズ』にも定期的に掲載されていたのを読んでいたが、ブランダイスで出会えるとは思ってもいなかった。当時ラーナー教授は、ニューヨークに住んでいてブランダイスには週一回のセミナーのためにやって来るほか、サラ・ローレンス大学（Sarah Lawrence College）やニュースクール（New School for Social Research）などでも教えており、またジャーナリストとして米国内を広く飛び回っていたので、学生たちの間では「エアポート・プロフェッサー」と呼ばれていた。ラーナーのセミナーでは、特にリーディング・アサインメントが課されることはなかったが、前述の大著にはくまなく目を通し、いつの日にか日本語に翻訳して出版したいと思い、ラーナー教授に話すと喜んでくれた。その思いが実現することはなかったが、後年ラーナー教授の子息マイケル・ラーナー（Michael Lerner, 1929～2018）氏が、ニューヨークのジャパン・ソサエティーの人物交流事業で来日した際に大著のソフトカバー新版をいただいた。

当時、ブランダイス大学教授陣の中で際立っていたのは、ドイツからの亡命哲学者でいわゆるニューレフトの始祖と目されていたヘルベルト・マルクーゼ（Herbert Marcuse, 1898～1979）であった。留学生の仲間にはマルクーゼに心酔していた者もいたが、難解な授業内容だということもあり、私はマルクーゼのコースは取らなかった。ドイツ訛り英語にはティリッヒ博士を日本でお世話したことでこりごりだったたし、アメリカへ勉強するために来たのは、できる限りネーティブの英語を学ぶことが目的の一つだったからでもある。

ブランダイスの学生でマルクーゼの影響を強く受けたのが、アンジェラ・デービス（Angela Davis）である。彼女は六〇～七〇年代の黒人民族主義運動の最も先鋭的な旗手として活躍し、その名は世界中で知られるようになる。アメリカ共産党や「ブラックパンサー」などのリーダー格になり、アフリカ系アメリカ人の「解放」のためには武力行使も否定しない立場を公言した。私がブランダイスにいた頃、二年生だったデービスの髪型は、当時はまだ珍しいねぎ坊主のようなアフロ・スタイルで目立つ存在ではあったものの、後にアメリカの保守層を震撼させる過激行動派のリーダーになるとは想像できなかった。デービスはブランダイス大学卒業後、フランスとドイツに留学して博士号を取得する一方、時代を先取りした過激思想を深めていく。プリンストン大学の招きを断ってカリフォルニア大学（ロサンゼルス校）の准教授に就任するが、当時のカリフォルニア州知事ロナルド・レーガンはデービスが共産党員であることを理由に罷免した。この事件は彼女の波乱に満ちた反権力闘争の引き金となる。ブランダイス時代を振り返りデービスは、「マルクーゼから学者、社会活動家、そして革命家であることが同時に可能であることを学んだ」と述懐している。

ブランダイスでの一年は瞬く間に過ぎた。履修科目ごとにある中間試験やターム・ペーパー（科目終了時に課せられる論文）提出締切日との戦いなど苦しいことも多かったが、往時を振り返り記憶に鮮明に残るのは楽しかったことだけだ。ルームメイトのトニーは親切な男で、ニューイングランドの美しい名所旧跡などを気軽に車で案内してくれた。ヘンリー・ソローが『ウォールデン　森の生活』を書いたウォールデン・ポンドは車で二〇分ぐらいで行くことができ、そこもトニーが案内してくれた。サンクスギビングデーやクリスマスなどの休日には、トニーの両親が自宅でアメリカの伝統的なターキー・ディナーをご馳走してくれた。三カ月後にシングルルームに替えてもらうリクエストを出していたことなどすっかり忘れてしまい、結局一年間をトニーと同室で過ごした。

楽しい思い出の中で突出するのは、隔週ごとの水曜日の夜八時から開かれる名作映画鑑賞会である。『羅生門』や『八月十五夜の茶屋』（The Teahouse of August Moon）、そしてイタリア映画『道』（La Strada）など数々の戦後初期の名作に出会った。『道』のラストシーンで夢破れた主人公が、延々と続く道をとぼとぼ歩いていく姿は今も目に焼き付いている。水曜日は、毎週現金で支給されるスペンディング・マネー一〇ドルを受け取る日でもあり、一週間の中で最も待ち遠しい日であった。当時、ウォルサムでの散髪料金は一ドル（プラスチップ二五セント）であった。それを単純に現在の都内の散髪料と比較して（無茶な比較だとは思うが）当時のスペンディング・マネー一〇ドルを換算すると、ブランダイスでは毎週三万五〇〇〇～六〇〇〇円のスペンディング・マネーを支給されていたわけで、日本出国時に認められた二〇〇ドルには手を付けずに済んでありがたかった。

ブランダイスでは人との出会いにも恵まれた。出発前に松本先生から生涯にわたって付き合えるような友人をつくることの大切さを聞かされ助言されていたので、友人づくりには意識的に意を注いだ。結果的にはアメリカ人よりアジアやヨーロッパからの留学生たちと親交を深めることになった。トニーとの連絡はブランダイスを去って数年経つと絶えてしまったが、留学生仲間には半世紀以上過ぎて今なお続いている友人もいる。特に、インドネシア、フィリピン、韓国などの留学生たちとの間に培った友情は、長く続いている。韓国の柳永益君とは特に親しくなった。一つには彼も他の学生より年長で、ほぼ私と同年齢だったこともあろうかと思う。柳君は、ブランダイスの後、ハーバード大大学院へ進み、博士号を取得している。韓国に帰って結婚した後、再びアメリカに渡り、ヒューストン大学で長年、韓国近代史を講じた。新妻を伴って再渡米する途上、東京に立ち寄って私を訪ねてくれた。六六年のことである。東京オリンピックのメーン会場になった国立競技場を案内したときの写真が残っている。その後、韓国に帰国してからは延世大学校や翰林大学校などで歴史学教授として活躍し、「日韓歴史共同研究」にも関わっている。

ブランダイスでの出会いでは、広中和歌子さんも忘れがたい存在である。ウィーン奨学金の第一期生として、ブランダイスで社会人類学修士課程に在学中であった広中さんは新婚早々で（夫君は数学者の広中平祐氏）、ケンブリッジのアパートでの夕食によく招いていただいた。

ブランダイスでの一年は充実した青春の一ページであるが、悲しいこともあった。六二年二月半ばに父の訃報が届いたことである。父は公職から引退した後、長く病床にあったが、帰国後に再会できると思っていた。ちょうど中間試験の最中に届いた兄からの手紙は、葬儀など済んでから書かれたもので、病状悪化を知らせたところで弟に無用な心労をさせるだけだとする配慮などが詳しく綴られていた。ドミトリーのラウンジの片隅で流れ落ちる涙をひっそり拭きながら読んだ。父の命日は、私の誕生日と同じ日であった。

ここで、父への鎮魂の意を込めて少し父の六八年の生涯に触れておきたい。父は祖父から相続した阿武隈川近くの肥沃な水田と畑地五町歩（ほぼ五ヘクタール）を所有して農業を営んでいた。ほぼ二ヘクタールは小作農家に回し、残りは自作農地であった。自作といっても、自ら農具を手にする姿はほとんど見たことがなかった。この地域では当時「手間取り」と呼ばれていた貧しい農家の二男や三男を雇って農作業をさせていた。常時三名の若い「手間取り」が広い敷地内の別棟に寝起きしていた。この他に女性の労働者も常時三～四名いて、彼女たちは母屋の片隅の小さな部屋に住んでいた。農業に加え、より高収入が期待できる養蚕業も手掛けていたので、農繁期には家族も含めて二〇名を超す集団に膨らんだが、父自身は、人口二〇〇〇人ほどの小さな村、伊達郡粟野村役場の収入役として、サラリーマン生活をしていた。

こうした比較的恵まれた生活が大きく変わったのは、聖戦と呼ばれた戦争の勃発であった。長兄は赤紙召集で、朝鮮半島の戦線へ送られ、終戦後はシベリアで四年間も収容された。福島の片田舎で軍需工場などもなかったので米軍の爆撃にさらされることはなかったが、用心深い父は、屋敷のはずれに防空壕を作った。製鉄所などのある宮城県の太平洋沿岸地域が頻繁に艦砲射撃される音が遠くから聞こえ、また、米軍戦闘機グラマンの低空飛来もよくあった。

兄、姉、母、父とともに幼少時の著者（前列右端、著者提供）

戦後は、占領軍の土地改革政策によって小作地はすべて小作人にただ同然で「解放」したので、小作料は入らなくなったが、自作地は手放さないで済み、住み込み労働力にも変わりはなく、米作、畑作、養蚕は当面はそのまま続けられた。父個人にとっての最も大きな戦後の変化は、アメリカ式の民主主義制度の導入によって、村長の公選制度が導入されたことである。戦後も村役場の収入役にとどまっていた父は、村長候補に推され、母は反対したが選挙出馬を決断した。他に対抗候補者はなく、すんなり村長就任かと思われたが、土壇場で故郷に戻って間もない「満州成金」が手を挙げたので、予期しなかった激しい選挙戦が展開された。結果は大差で父が当選したが、村民にとっても初めての首長選挙であった。二期目は対抗馬が現れず無投票で再選されたが、市町村合併で隣接の一町六カ村が伊達郡梁川町（現在は伊達市梁川町）へ統合された際に、父は村長職を離れた。

通算六年に及んだ父の村長としての業績を挙げるとすれば、粟野中学校校舎の新築、農村の生産性向上と生活改善のための電力の積極的活用、そして防火用水施設の整備などであろうか。電力活用による農村社会の生活改善については、軍の電力需要がなくなり民生需要の拡大が必要になった電力会社の後押しによるものであり、粟野村はそのモデルに選ばれて、電化のプロセスを記録した短編ドキュメンタリーフィルムが五四年に制作（企画：東北電力、製作：東京シネマ・岡田桑三）され、インターネットで見ることができる（科学映像館粟野村で検索）。こうした公務に精力を消耗してしまったかのように、父は五四年に公職を退いて間もなく母に先立たれると、病の床に伏すようになった。筆まめな父は病床からブランダイスにもよく手紙を送ってくれたが、五通に一回ぐらいしか返事を書かなかったことが悔やまれる。

夏のアルバイト体験

六二年五月半ばにブランダイスを離れることになるが、九月からはニューヨークのジャパン・ソサエティーで研修生として働くことが決まっていた。その間のほぼ三カ月間は、自分で何か仕事を見つけて自立生活をしなければならないので、夏場の学生アルバイトの仕事を探した。幸いにしてトニーと親しい下級生M君が、両親の住むコネティカット州のウェストポートという町での仕事を見つけてくれた。ウェストポート・カントリー・プレーハウスという劇場に付属したレストランでのウエーターの仕事である。このプレーハウスは、ニューヨークで公演する前に演目のトライアウトをする小劇場（客席数約三〇〇）で、夏の期間だけオープンし、一週間ごとに公演プログラムが入れ替わった。

ウェストポートは海岸沿いのきれいな町で、富裕層が住むところであるのがすぐに分かった。M君の父は、ソフトカバー専門の出版大手バンタム・ブックスの社長をしていた。とりあえずM君の両親の家に住まわせてもらってプレーハウスのレストランで働くことになった。ソーシャル・セキュリティー証も発行してくれた。白シャツの上に金ボタンの付いた真紅のチョッキを着て、黒いボウタイを付け黒いズボンをはくといういでたちが、プレーハウス・レストランウエーターのユニフォームであった。

プレーハウスに来る観劇者の常連は、シーズン・チケット購入者で、それぞれ決まった曜日に現れ、午後八時の開演前にディナーをする中高年夫妻が多かった。レストランといっても、大きなテントを張った中に三〇卓ほどのテーブルが配置されている簡素な造りだ。六人のウエーターはみな学生で、イェール、ウィリアムズ、コロンビアなどに在学していた。ウエーターはそれぞれが担当する持ち分の五つのテーブルが割り当てられ、支配人が順番に各テーブルに公平に客を案内した。六名のウエーターのほかにバスボーイと呼ばれる中年の男が一人いた。バスボーイの役割は客がテーブルに着くとブレッドバスケットやウオーターピッチャーを持って行ったりすることで、また食事が済んだ後にテーブルをきれいにリセットするのもバスボーイの仕事であった。ウエーターの給与は固定給週三〇ドル、それ以外はチップ収入で、チップは毎晩二〇ドルを超えた。このレストランでのフルコースのステーキディナーは六ドル五〇セントであった。仕事が終わるのは一二時過ぎになる。公演終了後にドリンクに立ち寄る客にも対応しなければならなかったからである。仕事が終わるとウエーターたちは一つのテーブルに集まりビールを飲みながら、それぞれ稼いだチップの額を数える。総額の一五パーセントをまずバスボーイに渡し、残りを六人で平等に分け合うというシステムであった。私たちウエーターがそれぞれが稼いだチップを出して計算している間、ホアンという名のメキシコからの出稼ぎ人バスボーイが目を光らせていた姿が印象に残る。ホアンはウエーターたちがごまかさないよう監視していたのだろう。

M君の両親もシーズン・チケットの購入者で、レストランにも必ず友人夫妻を伴って立ち寄り、チップをはずんでくれた。稼いだ日銭を手にしてねぐらに帰るのは午前一時過ぎになるが、つらいと思ったことはなかった。この職場を斡旋してくれたM君の両親の邸宅にいつまでも住まわせていただくのが窮屈になり、他のウエーターたちが共同して賃借りしていたコネティカット川岸の一軒家の小さな一室へ移った。チップ収入が予想以上に多く、蓄えもできたので、七月末には中古車（五二年製オールズモービル・コンバーティブル）を二五〇ドルで購入した。運転免許証は、三、四回教師と一緒に二〇分ぐらい路上走行するだけで簡単に取得できた。一回の教習料金は、六ドルだったと記憶している。

ウェストポートでのアルバイトは貴重な経験であった。小さな心遣いに多額のチップをはずんでくれた客もいれば、君はチャイナマンかとからかう客もいた。何より楽しかったのは、客が夕食を終え観劇のために立ち去った後、幕間のインターミッションにコーヒーやドリンクに戻って来る人たちのための準備を急いで終えると自由時間になり、天井桟敷に潜り込んで立ち見するのが黙認されていたことだ。インターミッション後も同様だった。そうした立ち見席からの観劇体験は、私のアメリカの演劇や音楽に対する興味を深めることにつながった。当時のウェストポート・カントリー・プレーハウスのプレー・ビル（公演題名やキャストの紹介等が書かれている観劇ガイド小冊子）の数冊は、レストランのメニューと共に今も保存している。天井桟敷からの立ち見もレストランでのアルバイトも「生きた」米語を学ぶのに役立った。腹の立つ客に出会うとウエーターの中には、調理場の前でフォア・レター・ワード（ひわいな罵《ののし》り語）をよく使う者もいた。

彼らは“hell”とか“fuck”などを入れた汚い言葉を連発して嫌悪や軽蔑の感情を強調するらしく、こちらも真似して使おうとしたが、それが簡単ではなく、どのような語順で入れるのかは外国人には理解しがたく、使ってみたい衝動に駆られても、生兵法は大けがのもとと自戒して下品な言葉や俗語などは使わないよう心掛けた。これは英語に限らず外国語をノンネーティブが習得する際の鉄則である、と今も信じている。

天井桟敷から観た演目で最も印象深かったのは、ヘレンケラーとサリバン先生の物語「ザ・ミラクル・ワーカー」（「奇跡の人」）だった。ストーリーが分かりやすかったからでもあろう。当時絶頂期にあったサミー・デービス・ジュニアが出演した作品もあったはずだが、作品名も内容も思い出せない。舞台を終えた後、バーに来て飲み続けていた姿だけはまだ瞼に残る。天井桟敷からの観劇では、観客が爆笑するのに、その理由が理解できずに悲哀を味わうという苦い思い出も残る。プレーハウスでは演劇だけでなく音楽プログラムもあり、当時人気の高いザ・ウィーヴァーズ（女性一名と男性三名のグループ）やピート・シーガー、そして人気の高まりつつあったピーター・ポール&マリーなどにも出会った。

ウェストポートでの一夏は、前夜にチップで稼いだ硬貨交じりの日銭を翌朝銀行口座に入れるのが日課となった。口座を開設した小さな銀行には車から降りずに入金や引き出しができるドライブスルーサービスがあり、便利だった。夏の終わりには一〇〇〇ドルが貯まっていた。このお金とオールズモービルをもって、レーバーデー直後の九月初めにニューヨークに移り、ジャパン・ソサエティー（Japan Society, 以下JS）で実務研修生として六四年初めまでニューヨーク市で生活することになる。

ジャパン・ソサエティーでの研修

当時のニューヨーク市内で車を保有することは簡単だった。ガソリン価格は一ガロン二五セントほどで安い上、路上駐車が認められていて、曜日によって駐車できるストリートサイドを変えなければならないこと以外、時間制限なしに駐車することができたからである。当時JSはロックフェラー三世（John D. Rockefeller, 3rd、以下JDR）が五六年に創設したアジア・ソサエティー（Asia Society）の本部アジア・ハウスの三階にあった。アジア・ハウスはフィリップ・ジョンソンが設計した六階建ての瀟洒なガラス張りの建物で、マンハッタンの中心部六四丁目東一一二番地にあった。松本先生たちが国際文化会館のモデルと見なしていた外交問題評議会のプラット・ハウス（Pratt House, ロックフェラー家が購入して評議会へ寄贈）もすぐ近くにある。JDRが五二年に復活させたJSの当時のスタッフは、国務省から移ったダグラス・オヴァートン（Douglas W. Overton）専務理事、国際文化会館の参与から復帰していた事務局次長ユージン・ラングストン、専務理事秘書のマリ・エイジマ、経理担当のリリアン・スミス、会員担当のジャック・スピンクス、学生支援担当のマルコム・リード、そしてパートタイムで芸術プログラムを担当していたベアテ・シロタ・ゴードン（Beate Sirota Gordon）氏など七名にすぎなかった。

ダグラス・オヴァートンJS専務理事（『国際文化会館55年史』〈英文〉より）

オヴァートン氏は戦前から日本と関わりの深い人物で、強面《こわもて》だが、スタッフはみな親しみを込めてダグ（Doug）と呼び、威圧感はなかった。三六年、ハーバード大学を卒業した後、米聖公会から東京の立教大学へ派遣され英語とアメリカ史を講じ、三九年には同大学に日本初のアメリカ研究所を設立している。戦後は国務省に入り、ＪＤＲが五二年に対日関係の統括者ジョン・Ｆ・ダレス氏（五三年、国務長官）に提出する日米間における文化関係の再構築についての提言書草案に目を通して親切なコメントを寄せたことから、ＪＤＲとの親密な関係が生まれた。ＪＤＲがオヴァートン氏をＪＳの専務理事に登用したのは、こうした二人の関係からであった。六六年まで一四年間ＪＳの専務理事を務め戦後ＪＳの再生に貢献した彼は、その後も日本とさまざまな形で関わり続けた。大阪万博のアメリカ館のコンセプトづくりに関わった後、日本に定住し、松本・ＪＤＲのコンビによって設立された英語教育協議会（ELEC）のアドバイザー、通商産業省（現・経済産業省）の肝いりで静岡県富士宮市に設立された貿易研修センター（Institute for Foreign Affairs and Area Studies）の教授、そして七八年六二歳で急逝した時には米聖公会の先輩ポール・ラッシュ（Paul Rusch）が山梨県清里で戦前に立ち上げた実験農場「キープ協会」の理事長として新たな夢を膨らましていた。

オヴァートン氏は、私が人生の伴侶と出会うきっかけをつくる役割も果たしてくれた。六四年四月から足かけ二年、ニューヨークのクイーンズで開催されたニューヨーク万国博覧会の日本館で働いていた日本人女性（山下百合子）が、フェアの閉幕で帰国する際に、世話になったオヴァートン氏を訪問して帰国のあいさつをし、日本に戻ってからも日米交流の仕事がしたい希望を伝えた。オヴァートン氏は、それならば国際文化会館を訪ねてみるとよいと助言してくれた。六五年末に会館にオヴァートン氏の紹介状を手に来訪した彼女に対応したのが私であった。研究や調査のために会館に滞在する海外からの来訪者に対する「個人に対する援助」のニーズは高く、研究アシスタントや日本語の手ほどきなどができる即戦力の需要は大きく、山下さんにもさっそく、いろいろな仕事を委嘱した。インドの社会学者、アメリカの日本研究者、美術専門家などに個人ベースで仕事を紹介した。

日本の美術館案内書（Roberts' Guide）の編纂をしていたローレンス・ロバーツ夫妻（『国際文化会館55年史』〈英文〉より）

その中で今も記憶に残るのは明治思想史研究に取り組んでいたマーリン・メイヨー（Marlene F. Mayo, 現メリーランド大学名誉教授）、森有礼についての博士論文の最終段階にあったアイヴァン・ホール（Ivan Hall, 日米友好基金初代東京代表）、野口英世の評伝を準備していたイサベル・プレセット（Isabel Plessett）夫人、そして日本の美術館案内書の編纂をしていたローレンス・ロバーツ（Lawrence Roberts）夫妻などである。六七年に私と山下は、弓町本郷教会で結婚した。松本先生ご夫妻に媒酌をお願いし、ささやかな披露宴は国際文化会館の新館会議室（現レストランＳＡＫＵＲＡ）で行った。

ニューヨークへ移った最初の住まいは、ＪＳが紹介してくれた三好正夫という人のアパートをサブレット（また借り住宅）した小さな部屋であった。三好正夫氏がいかなる人物であるかは何も知らなかったが、月六〇ドルの賃貸料で住まわせてもらうことになった。三好さんのアパートは、五番街と一〇八丁目が交差する辺りにあり、その一階にアメリカ人の夫人と二人暮らしであった。サブレットなのでバスルームやキッチンは、家主と共用することになり、なんとなく息苦しさを感じた。後で知ることになるが、三好さんは当時ニューヨーク大学（ＮＹＵ）へ提出する博士論文を執筆中だった。彼はやがて日本人でアメリカの大学で英文学を講ずる稀有の存在として名を馳せることになる。三好さんは日本人でありながら、日本人にも英語でしか話さない奇人でもあった。洗濯物をためすぎないようにと注意されたのを機にサブレット部屋を出ることを決意し、新聞広告で探したウェストサイド七六丁目一八番のワンルーム・アパートに引っ越した。三好さん夫妻が住んでいたアパートのビルの上階には、オヴァートン氏も住んでいた。階下には高齢の父親も住んでいてオヴァートン氏が介護していたようだ。アパートの玄関ホールではハリー・ベラフォンテの姿を見掛けることが何度かあった。ニューヨークに住んでいると著名人を間近で見掛ける機会が意外に多いことについては、友人の和田隆（ニューヨークに長く住んでいた彫金アーティスト）さんが自伝『東京、ニューヨーク、そしてTOKYO　アートジュエリー渡世日記』（アルトテラス、二〇一五年）の中で詳しく触れている。

ウェスト七六丁目のワンルーム・アパートでは、サブレット部屋とは違ってバスルームもキッチンも誰にも気兼ねなく使用できたが、家賃は月額九〇ドルで、ＪＳでの給与が二五〇ドルの身にとっては大変だった。ＪＳへの通勤は、セントラルパークを歩いて横切り、パーク・アベニューとレキシントン・アベニューの間にあるアジア・ハウスまで二〇分ほどで行けた。米自然史博物館（American Museum of Natural History）がアパートのすぐ近くにあり、頻繁に訪れてあの壮大なディスプレーを詳しく観察することができた。

ＪＳでは、ラングストンさんの下で、日本に関するさまざまな問い合わせに対応したり、日本から送られてくる美術・工芸品の巡回展用の作品保管などさまざまな雑用に従事した。私のデスクはラングストンさんの部屋の入口に置かれ、同じ部屋には国際文化振興会（以下ＫＢＳ）のニューヨーク代表井上雍雄《やすお》さんのデスクもあり、彼との親交を深めることになる。井上さんは日本に戻った後、ＫＢＳの労働組合リーダーとして当時のＫＢＳ総裁岸信介氏（元首相）を相手に激しい団体交渉を展開したことなどを話してくれるほどの親交が続いた。七二年ＫＢＳが新設の国際交流基金に吸収される前に、井上さんはＫＢＳを去り、ラングストンさんがＪＳを辞めた後に就任したカウンシル・オン・インターナショナル・エデュケーショナル・エクスチェンジ（Council on International Educational Exchange、国際教育交換協議会、以下ＣＩＥＥ）に移って、ＣＩＥＥの日本支部づくりに貢献している。ＣＩＥＥの主たる事業は、戦後に余剰になった米軍輸送機を利用して語学研修生を米国に送ることであり、また後にはＴＯＥＦＬの実施機関にもなった。ＴＯＥＦＬを日本で定着させたのはＣＩＥＥであるが、そのためにラングストン／井上コンビが果たした役割を知る人はほとんどいなくなってしまった。

ＪＳでの研修で学んだことの一つは、組織内で情報を共有することの重要性である。週に一度の割合で、「リーディングファイル」が新米研修生の私のところにも回ってきた。オヴァートン氏やラングストンさんらが発信・受信する書簡を含め、外部との交信記録をスタッフ全員が共有できるシステムができていたので、組織の動きや直面している課題などをスタッフ全員がよく理解し、組織の一体感を高めるのに役立っていた。オヴァートン氏やラングストンさんらが発信する手紙のスタイルも勉強になった。オヴァートン氏が書くのは、"Brevity is the soul of wit"（簡潔が肝心の意）の見本ともいえるスタイルであった。それとは対照的にラングストンさんは日本人的な情緒も込めたスタイルを好んだが、無駄な言葉を省く点ではオヴァートン氏と共通していた。しかも一語一語の選び方にも繊細な配慮がにじむ文章を書かれた。二人の外部とのコミュニケーションの内容が翌週には組織全体が共有できるリーディングファイルとして回ってくるのは楽しみであり、勉強にもなった。

ラングストンさんは、私がドラフトした手紙も清書する前に必ず丁寧に目を通して訂正してくれ、なぜこの言葉がここで不適切なのかなどを懇切に説明してくれた。また『The Complete Plain Words』（ペンギン文庫版）、『Roget's International Thesaurus of English Words and Phrases』も買っていただいた。さらに彼はタイピング技能を習得するために私にＹＭＣＡの夜のタイプ教室に通うことを勧めてくれて、授業料はＪＳが負担する配慮もしてくれた。英語、特にしゃべり言葉としての英語に関しては、初代国連大使加瀬俊一氏の秘書からオヴァートン氏にスカウトされてＪＳに移ったマリ・エイジマさんから学ぶことが多かった。当時、ＪＳの代表番号にかかってくる電話はまずマリさんの受信機に入り、彼女から担当者に転送する仕組みだった。オヴァートン専務理事室の入口のそばにあったマリさんの席と私のデスクは近かったので、彼女のきれいで分かりやすく、そして上品な英語にはいつも耳をそばだてた。彼女自身にかかってきた電話には"It's she" という耳慣れない表現で応答するのを聞き、最初は驚いたが、よく考えてみると、なるほど英語とはこういうものかと納得がいった。マリさんからは Thank you に kindly を付け加える用法があることも学んだ。

ラングストンさんは肺気腫の持病に苦しみ、午後三時ごろになると新鮮な空気を吸ってくると言って毎日三〇分ほど外出した。彼は六〇年代半ばにJSを辞めて日本に移って前述のCIEの日本代表を務めたが、八〇年代初めに退き、井上さんがその後を継いだ。ラングストンさんは、七〇～八〇年代には国際文化会館の英文刊行物の編集も指導してくれていたが、持病が悪化し、晩年は清瀬病院で療養生活をしながら、『日本の底流　過去・現在の世相』の編集者に名を連ね、日本研究についての執筆活動もしている。

私がJSで実務研修生であった六〇年代初めのアメリカは、圧倒的スーパーパワーの地位を確立し、世界への文化発信力も突出していた時代であった。他方、アメリカ人の東洋文化に対する関心が高まり、知識層の間では特に禅宗に興味をもつ人々が増え、鈴木大拙氏がコロンビア大学に招かれて「Zen」を講じていた。西海岸では鈴木俊隆氏がサンフランシスコ禅センターを設立して活躍していた。

裏千家の第一五代家元千宗室夫妻がJSで茶道紹介のデモンストレーションをしたのは、私が

ベアテ・シロタ・ゴードン氏（2013年、写真提供：共同通信社）

JSで働き始めてから間もない頃である。家元夫妻の通訳をしたのは、JSの芸術プログラムのディレクターをしていたベアテ・シロタ・ゴードン氏である。GHQ（連合国軍総司令部）民政局勤務時代に日本国憲法に男女同権項目を書き入れた草案づくりに関わった女性として今では日本でよく知られているが、当時はコロンビア大学で博士論文に取り組む夫を支えるためにJSで働いていた。流暢な日本語を話す彼女は、新米研修生の私にいつもにこやかに話しかけてくれた。以来、ベアテとの親交は二〇一二年、彼女が膵臓がんで亡くなる（享年八九）まで続き、アイハウスでの講演「アジアを伝える——文化交流の四〇年」も心安く引き受けていただいた。

後にアジア・ソサエティーへ移ったベアテは日本の芸能に限らず広くアジアの伝統芸能文化をアメリカの人々に紹介する先駆者として活躍した。淡路人形浄瑠璃や棟方志功の世界を海外に紹介したのもベアテであったが、彼女が果たせなかった夢があった。それは武原はんの地唄舞のニューヨーク公演である。武原はん（文化功労者）が松本先生の幼馴染みで、料亭、住居そして稽古舞台でもあった「はん居」が国際文化会館の近くだったことなどから、ベアテは松本先生に頼んで武原の米国公演を粘り強く説得したが、実現には至らなかった。ちなみに、「日米知的交流計画」で訪米した市川房枝氏の通訳をしたのはベアテであり、また明仁皇太子（現・上皇）がエリザベス英女王戴冠式に出席する途中ニューヨークに立ち寄られた際に通訳をしたのもベアテであった。『一九四五年のクリスマス――日本国憲法に「男女平等」を書いた女性の自伝』（柏書房、一九九五年）は、彼女の回想録である。その英語版は『The Only Woman in the Room: A Memoir of Japan, Human Rights, and the Arts』として九七年にシカゴ大学出版局から刊行されている。

裏千家家元千宗室夫妻のニューヨーク訪問を機に裏千家は、ＪＳの協力も得て六二年ニューヨーク事務所を開設した。そして初代の事務所長兼茶道師範として早崎宗真さんが赴任した。早崎さんとは、すぐに親しくなり茶道についていろいろ教えていただいた。ヨークタウンと呼ばれる市内のイースト八七丁目五〇五に開設した住居を兼ねた道場には畳の広いスペースがあり、早崎さんはそこを茶室にして茶道の基本作法をアメリカ人に個人教授し始めた。当初、定期的に習いに来るのは裕福な実業家の夫人など数名にすぎなかったが、早崎さんは熱心に指導し、生徒の数は次第に増え、男性も来るようになった。

早崎さんは、外出のときも和服で洋服に着替えることはめったになかった。それでもアメリカの音楽が大好きで、グリニッチビレッジのカフェでピート・シーガーやボブ・ディランなどのライブを聴きによくご一緒した。彼は明るく気前のいい人柄で誰にも好かれ、特に茶道を学ぶアメリカ人には愛され、そして尊敬された。私が半年後にはＪＳでの研修を終え帰国する予定であることを知ると、京都から家族を呼び寄せるのは少なくとも一年先になるだろうから自分のアパートに越したらというありがたいお誘いを受けた。九〇ドルの家賃を重荷に感じていたので、図々しいとは思いながら早崎さんの厚意に甘えることにした。六三年の夏ごろだった。

ケネディ大統領暗殺の衝撃

ケネディ大統領が暗殺される悲劇が起こったのは六三年の一一月二二日である。私がこの悲劇を知ったのは、オヴァートン氏の指示でＪＳの財務担当理事の事務所に書類を届けに行った帰り道だった。五番街と四二丁目の交差路近くまで来ると、ラジオに耳を傾けている人々の群れに出会った。そのただならぬ雰囲気に、私もその人々の群れに入り込むと、聞こえてきたのはアナウンサーが絶叫して繰り返す大統領暗殺のニュースであった。それまでの人生で感じたことがなかった大きなショックを受け、しばらく茫然自失状態で、歩くことができなかった。

その衝撃の大きさは、すべてのアメリカ人がその時どこで何をしていたかを生涯忘れないほど深く記憶に刻むものであった。アメリカに来てまだ日の浅い早崎さんにとっても同様に大きなショックで、予定に入れていた茶道レッスンを直ちにすべてキャンセルした。テレビで繰り返し映し出されるケネディが凶弾に倒れたシーンを二人でただ黙って見ていたが、驚愕はすぐに喪失感に変わる。とにかく二人とも何も手につかず、自失の状態がしばらく続いた後、暗くなってからようやく冷静さを少し取り戻し、とにかくワシントンに行ってみようということになった。オールズモービルが役立った。夜一〇時ごろワシントンへ向かって出発した。しかし、メリーランド州に入った辺りでガソリンメーターがＥに近くなっていることに気が付いた。あわてて次の出口のシルバー・スプリングというところで高速道路を出て給油できるガソリンスタンドを探したが、深夜営業をしているところはなく、翌朝八時から営業するところを見つけてそこで数時間仮眠しながら車中で過ごした。翌日の何時頃にワシントンに到着し、どこに駐車したのかなどは全く記憶にないが、気が付くと星条旗に覆われたケネディの棺《ひつぎ》を乗せた馬車を迎えるホワイトハウスの近くに集まった大群衆の中にいた。長時間立っていたことは覚えている。そして忘れられないのは、凶弾に倒れた大統領の棺を乗せた馬車が近づくと、見知らぬ高齢のアメリカ人が、話しかけてきた。棺を引く馬の鐙《あぶみ》が前後逆に付けられているのをご覧なさい、あれは戦場で倒れた英雄の帰還を迎える古い習わしなのだと詳しく説明してくれた。

大群衆の中から背伸びして垣間見たあの光景、倒れた父を母と弟と一緒に出迎えた少女の姿は世界中の人々の涙を誘った。それからちょうど半世紀後、あの可憐な少女キャロライン・ケネディ（Caroline Kennedy）は、オバマ大統領の第二次政権で駐日米大使に任命された。日米間の教育や文化の交流に熱心な初の女性駐日米大使として、ほぼ三年間滞日した。筆者もアジア文化協会（Asian Cultural Council）関係者のためにケネディ大使が大使公邸で主催された内輪の午餐会に招かれて言葉を交わす機会に恵まれた。長生きはするものだ。

ほぼ二年に及んだニューヨーク滞在中には、核戦争の恐怖も身近に体験した。ケネディがソ連のフルシチョフと対決したいわゆる「キューバ危機」である（六二年一〇月）。ニューヨーク市の至るところに核攻撃に備えた市民の避難用シェルターを示す標識があり、夜間に上空を飛ぶ航空機のキーンという金属性の高音を聞くたびに、ソ連の核ミサイルが飛来したのではないかという恐怖感に襲われたことを思い出す。まだ三好正夫さんのアパートをサブレットしていた頃だった。キューバを目指すソ連の艦船が反転したニュースに安堵の胸をなでおろしたことも忘れられない。

「サウンド・オブ・ミュージック」との出会い

こうした恐怖も体験したが、ニューヨークでは楽しい思い出の方が圧倒的に多い。ブロードウェーのミュージカルに魅了されたのもその一つである。後に何度もニューヨークを仕事で訪れるが、過密な日程の中でも夜はできる限りミュージカル観賞の時間をつくった。私がミュージカルにはまり込むきっかけは、「サウンド・オブ・ミュージック」（The Sound of Music）との出会いで、その公演切符を偶然入手したことから始まった。このミュージカルの切符を持っていた方が当日急用で行けなくなり、日本人学生に使ってもらいたいという申し出の電話がJSのリードさんにかかってきた。彼はJSに登録している日本人学生数名に連絡したが当日券では、誰も手を挙げる学生はおらず、リードさんは私に話をもってきた。興味があるならチケット提供者のところへ行ってピックアップするようにとのことで、住所を書いたメモを手渡された。その夜は特に予定もなかったので、行ってみることにした。チケットをピックアップしたのは、五番街の豪華なアパートの受付で、チケットを提供してくれたのはそこに住むウッズという名の婦人であった。

後に知ることだが、ウッズ夫人の夫は世界銀行第四代総裁ジョージ・ウッズ（George D. Woods）である。ウッズ夫人からいただいたのは舞台正面の最上席チケットだった。私はその特等席からジュリー・アンドリュースの美声を堪能できたのだ。以来、ミュージカルの虜《とりこ》になり、ブロードウェーの立ち見席切符を買うようにもなり、六〇年代初めのロング・ヒット作品の多くをオリジナル・キャストで観賞することができた。ＪＳのマリさんは、私のミュージカルはまりをよく理解していて、ニューヨーク出張の際にはよくチケットを予約しておいてくれた。六〇～九〇年代を通して印象に残る作品は数多くあるが、特に忘れがたい作品を挙げるとすれば、「ザ・ファンタスティックス」「屋根の上のバイオリン弾き」「王様と私」「コーラスライン」「キャッツ」「レ・ミゼラブル」などだ。「オペラ座の怪人」はなぜか見逃してしまった。今話題の「ハミルトン」は見る機会がなかろうと思うと寂しい。

ニューヨーク時代の数々の思い出で忘れがたいのは、六三年一〇月にダートマス大学と国際文化会館が共催した第二回「日米民間人会議」に出席した帰路に、ニューヨークに数日滞在された松本先生をアイドルワイルド空港（現ＪＦＫ空港）へ見送りに行った時のことだ。待合室でパイプをくゆらせて談笑していた先生が搭乗口に向かわれる際に、何気なく私に白い封筒を手渡された。見ると封筒には For Mr. Kato と書かれてあった。先生を見送った後で開封すると、中に一〇〇ドル紙幣が一枚入っていた。それまで私は一〇〇ドル紙幣を見たことはなかった。先生の優しい心遣いに感激したことが昨日のように思い起こされる。ＪＳでの研修を終えて帰国した後改めてそのお礼を先生に述べると、先生は、「そうだったかねえ」と忘れてしまっていたようだった。

ヨーロッパ経由での帰国

こうしたさまざまな忘れがたい思い出を残して、六四年三月初め帰国の途についた。フルブライト委員会から支給される帰国旅費に四〇〇ドルを加えればパンアメリカン航空のヨーロッパ経由航空券が購入できるので松本先生からいただいた一〇〇ドルも加えて五〇〇ドルを用意してヨーロッパ回りの旅程を組んだ。JFK空港には、私がさんざん乗り回した愛車オールズモービルを早崎さんが運転して送ってくれた。ラングストンさんらも見送りにきてくれた。

ほぼ三週間をかけた帰路で最初に訪れたのは、ロンドンだ。そこではブランダイスを終えてオックスフォードに進んで思想史の博士課程にいたギリシャ人のジェーソン君の出迎えを受けた。ピカデリーサーカスの近くに安いホテルも予約してくれていたのでありがたかった。アルコール類はいっさい口にしないジェーソン君が、夜はイングリッシュパブを案内してくれた。ジェーソン君は、オックスフォードに留学していた三笠宮殿下の第一子寛仁親王と親しくなり、その縁でオックスフォード大学で博士号を取得した後、日本にやって来て、やがて定住することになる。ギリシャ大使館の文化担当参事官を務めていたが、がんを患い八〇年代末に日本で生涯を閉じた。

ロンドンの後は、パリとローマにそれぞれ三日間滞在した。いずれも宿は最も安く泊まれるユースホステルを利用したが、午前一〇時から午後四時までは在室できない規則があり、雨の日は重い荷物を持ちながら適当な居場所を探して歩き回るのが大変だった。パリでは記憶に残るものは何もないが、ローマでは古代遺跡を急いで見て回った後、当時開設間もないローマ日本文化会館を訪れ、呉茂一館長に歓待されたことが記憶に残る。

ローマの後、アテネへ向かった。そこではジェーソン君の父親が待っていてくれた。高齢にもかかわらず、アクロポリスの丘に一緒に登りパルテノン神殿を案内してくれたり、ギリシャ料理をご馳走してくださった。アテネの次は、北欧のオスロであった。ここでもブランダイスでの交友関係が役立った。ブランダイスで音楽を専攻し、ノルウェーに戻ってピアニストとして活躍し始めていたヘルゲ・エヴジュ君にオスロ市内を案内してもらい、バイキング時代の船が原形のままの姿で保存されている博物館や五二年の冬季オリンピックの主要会場ホルメンコーレン・ジャンプ台にも一緒に行った。フィヨルド海岸を眺望できたが、高所恐怖症の私にとっては身のすくむ体験だった。ヘルゲ君の両親が住むドランメン（オスロから汽車でほぼ一時間）へ行き、そこで二晩世話になった。ヘルゲ君との交信は今も続いている。彼は今やノルウェー音楽界の重鎮で、演奏活動だけでなく音楽教育界の指導者としても活躍し続けている。

米国留学の帰路、ロンドンでの著者（著者提供）

ノルウェーの後は、テヘランとニューデリーにそれぞれ三日間滞在した。テヘランでは、突如ラウドスピーカーから流れるイスラムの祈りの時間を知らせる大音声に驚いたり、バザールの賑わいに圧倒されたりした。イラン革命前の平和な時代であった。テヘランを離れる頃から胃腸に異変を感じ始めていたが、たいしたことではあるまいと高をくくっていた。ニューデリーではオープンして日の浅いインディア・インターナショナル・センターに泊めてもらった。センターが国際文化会館をモデルにして設立された施設であることやアイハウスの場合と同様、JDRの資金援助によるものであることなどについては、『国際文化会館五〇年の歩み』で詳述したので、ここでは立ち入らない。

ニューデリー到着後に、胃腸の異変が進み、激しい下痢症状も出てきた。いつもパンアメリカンの機内食は栄養補給源でもありおいしく食べていたが、羽田に向かってニューデリーを飛び立ったときには、機内で出されるおいしそうなご馳走を口にできるような状態ではなく悔しい思いをした。元凶は水であった。日本でもアメリカでも生水を飲んでも健康を害するようなことはなかったので、水はどこでも安全に飲めるものと愚かにも思い込んでしまっていて、水の摂取に注意することなど念頭になかった。ボトルウオーターがどこでも入手できるようになる三〇年以上前のことだ。テヘランとニューデリーでの経験は、後にアジア知的協力委員会の仕事で東南アジア各地を回るときの健康管理の教訓として役立ち、何処へ行っても下痢したりすることなど無縁になった。アメリカからの帰国は、経費を最小限に切り詰めた長旅で、羽田に着いたときには、財布の中は、ケネディの肖像が刻印された五〇セント硬貨一枚だけだった。姉が空港に出迎えに来てくれていなかったら、タクシー料金にも困っただろう。

第三章　アジアを視界に入れる

フロントデスクでの修業

東京でとりあえず落ち着いたのは姉一家のところ（世田谷区用賀町）であった。さしあたってのつもりだったが、姉の家での居候生活は、結婚するまで続き、学生時代を含めると通算八年に及んだ。オリンピックが半年後に迫っていた東京は活気にあふれ、都市インフラ整備の突貫工事が至るところで進められていた。渋谷と玉川（現二子玉川）間を結ぶ路面電車「玉電」（現在の田園都市線の一部）は撤去されてしまい、国際文化会館への通勤には、桜新町発の東京駅南口行のバスを利用した。広尾から二つか三つ先の桜田町か材木町で降り、麻布保健所の前を通る裏道を歩いて鳥居坂下に出て坂を登るのが通勤ルートとなった。

一九六四年三月末から国際文化会館の職場に復帰したが、配属されたのは期待していた企画部ではなく、ホテル部門でフロントデスクに立つ仕事だった。不満はあったが、紺色のユニフォームをまとい「接客」業に専念した。上司は南条秀敬さんが箱根富士屋ホテルからスカウトしたプロのホテルマン山口昭夫さんで、それまで宿泊管理部門を統括していた鶴見良行さんは、定年退職した大形孝平さんの後の企画部長になっていた。フロントデスクでの仕事では週二回くらいの頻度で夜勤があった。夜勤の日は午後二時から翌朝の一〇時までが勤務時間であった。午後五時から勤務に就く三人のベルボーイ（すべてアルバイト大学生）、ボイラー室技術者二名、夜間電話交換手一名、夜警一名の計八名が宿直する体制であった。フロント業務は、午後一一時で終了し、翌朝フロントデスクに戻るのは午前七時で、午前一〇時に日勤スタッフと交代する。当時は、門限制度があり、午前一時には正面玄関の手動回転ドアをロックしたので、その時間までに戻らない宿泊客はロックアウトされることになる。たまたま巡回中の夜警が気付かない限り、締め出されてしまうのである。事実、門限をミスした宿泊客は時々いたが、門限についてはチェックインのときに伝えているので、苦情を言われることはなかった。締め出された経験者も、後年には懐かしい「アイハウスの思い出」としてよく語ってくれた。門限についてではなくよくあった苦情は、近隣のお屋敷で飼っている猟犬が早朝にやかましく吠えて睡眠を妨げられるから何とかならないかということだった。会館から飼い主に何度か申し入れをしたが効果はなく、そのうちに猟犬もいなくなってしまった。二、三人しか乗れない小さなエレベーターも手動式で、よく故障し、閉じ込められた客を救出する仕事も任務だった。

当時の会館施設には和室や二段ベッドを置いた学生用の部屋などもあったが、いずれも利用者が少ないため改造され、後者は夜勤者用宿泊部屋に改造された。三階には共同シャワールームと檜造りの日本風呂もあった。日本風呂は維持管理が難しいため、ほどなくして撤去されてしまったが、アイハウスで日本風呂の魅力に取りつかれた宿泊者は少なくない。中には帰国する前に特注の風呂桶を買って自国に輸送しDIYで設置する人もいた。プリンストン大学の著名な社会学者で、鶴見和子さんが師事したマリオン・レヴィ（Marion Levy, 1918~2002）教授もその一人である。当時は、六本木交差点近くに風呂桶を製造販売している店がまだ残っていた。

日本現代建築の傑作として称賛された会館施設の設計者たちは、施設の維持・管理の経済効率についてはあまり配慮しなかったようだ。現在のティーラウンジはもともと吹き抜けだった空間で、後に床を張って増設したスペースである。

フロントデスクでの仕事は、宿泊者からのさまざまな質問に的確に対応できるよう日頃の情報準備が必要であることなど意外なほどやりがいを感じ、また宿泊者がどんな目的で来日し、どんな個人や研究所などと連絡しているかを覚えておくことは、アイハウスの中でキャリアを積む上で役立った。その上、フロントデスクの業務は正確なシフト体制で、特別な事情が発生しない限りまず残業はなく、自分の時間を計算通りに使うことができた。ちょうどその頃に、学生時代に出入りしていた東京山手ＹＭＣＡの英語学校から夜間の「通訳ガイド養成講座」を開設するので講師を引き受けてくれないかという話が星野達雄（後の東京ＹＭＣＡ総主事）さんから持ち込まれた。六四年一〇月の東京オリンピックを控え通訳案内業国家試験（全国通訳案内士）の受験者数が急増していた。私自身も大学三年次にこの国家試験（当時の運輸省が実施していた）に合格して、割のいいアルバイトをしていたことがあった。週三回午後六時三〇分から八時三〇分までのコースで、そのうちの一回を担当して欲しいということであった。

月、水、金のいずれかを選べるとのことだったので、夜勤と重なることのない水曜を選び引き受けることにした。月曜は英語通訳案内業を専業にしていた水野さん、金曜は早稲田大学法学部専任講師の花本金吾さんがそれぞれ担当することになった。新設のコースに登録したのは学生よりも社会人、特に女性が多く、中にははるばる浜松から受講しに来る高齢者もいた。一〇〇名ぐらいの収容能力がある木造二階の教室は満杯で、仕事を終えてから勉強に駆け付ける人々の熱意に満ちあふれ、こちらもそれにどう応えるか身が引き締まる思いだった。山手ＹＭＣＡのこの夜間講座は、オリンピックが終わった後も続けられ受講者の数も減ることがなく、八〇年代初めまで続き、私もできる範囲で協力し続けた。

再び企画部へ

フロントデスクでの修業はほぼ一年で終わり、六五年春、ようやく念願の企画部へ配置転換になった。すでに触れたが、当時の企画部を部長として統括していたのは、鶴見良行さんだったが、実質的な統括者は、企画部内の連絡課長から企画部次長に昇格していた加固寛子さんであり、私は再び彼女の下で働くことになった。鶴見部長は会館の仕事に専念するよりは、むしろすでに泥沼にはまり込んでいたアメリカのベトナム戦争に反対する市民運動に熱心に関わり始めていたので、企画部を実質的に取り仕切っていたのは松本先生の信任が厚い加固さんだったのだ。加固さんはフルタイムで働きながら、長期育児休暇制度も不備な時代に三人の子どもを産み育て、最晩年の松本先生のよき話し相手となり、『松本重治　わが心の自叙伝』をまとめている。加固さんの下ではいろいろな仕事をし、たくさんのことを学んだ。人物交流、さまざまな会合の設定、会館の会報や年報の編集出版などである。小さな印刷所での出張校正にも同行させてもらい、「校正おそるべし」を知った。熟練の職工が手作業で「文選」していた時代のことである。

　ベトナム戦争反対の機運が盛り上がると、鶴見さんは小田実、吉川勇一、武藤一羊各氏らと「ベトナムへ平和を！　市民連合」（略称べ平連）の立ち上げに加わり、ベトナム戦線脱走米兵士を日本でかくまう活動にも関与するようになり、会館の仕事からはますます遠ざかっていった。会館の管理職にありながら、会館の仕事に専念しない鶴見さんを、加固さんはオープンに批判した。しかし彼女自身が、『思想の科学』誌（鶴見良行さんの従兄に当たる鶴見俊輔氏がリベラル知識人を結集して四六年に創刊）を通じて鶴見良行さんを知り、鶴見さんの紹介で国際文化会館で働くようになったこともあり、その批判には限界があったように私には思えた。いずれにせよ、鶴見さんを松本流のエリート国際交流組織にしばりつけておくことは無理だった。鶴見さんの脱走米兵士に対する支援活動の実態は首謀者に近く、その具体的な行動は、『私たちは、脱走アメリカ兵を越境させた……――べ平連・ジャテック、最後の密出国作戦の回想』（高橋武智著、作品社、二〇〇七年）に詳述されている。

加固寛子国際文化会館企画部次長（1976年、『国際文化会館の歩み』より）

帰属する組織より個人の政治的・思想的信条を優先させて行動する鶴見さんの姿に、違和感と同時に畏怖の念も禁じ得なかった。しかし、鶴見さんは自由奔放に行動する半面、心の広い優しい人でもあった。鶴見さんが組織人間でなかったため、私も加固さんのもとでかなり自由に仕事をすることができた。また彼は雑誌『世界』や『中央公論』などの編集者たちと交流があり、こうした知識人を対象にした雑誌が翻訳者を探しているときなどには、私に仕事を回してくれた。薄給（復職時の月給は三万六〇〇〇円だった）の身にとってはありがたいアルバイト収入となり、今も感謝の念が残る。平凡社が企画した革命初期の中国農村の実態を、農業技術指導者として中国に住み着いていたアメリカ人ウィリアム・ヒントン（William Hinton）が綿密に観察したノンフィクション『翻身』（平凡社、一九七二年）の共訳者に加えてもらえたのも鶴見さんの配慮によるものであった。後に私がさまざまな翻訳書を出すきっかけとなった本で、今も大事に本棚に残してある。

ジャパニーズ・スタディーズ・セミナーでの鶴見和子上智大学教授（1978年、『写真集 国際文化会館』より）

鶴見さんは行きつけの渋谷のバー「ブルペン」にもよく私を連れて行ってくれた。彼の従姉にあたる社会学者の鶴見和子さんとの出会いも鶴見良行さんの紹介によるものだった。和子さんはアイハウスの事業に積極的に関わり、中国の著名な社会学者費孝通博士を「日中知識人交流計画」で招聘できたのも彼女の協力が得られたからであり、またアイハウスも彼女が中心になって進めた「日中小城鎮比較研究」プロジェクトを支援するなど、和子さんとの関係は深まった。

アジアへ目を向けた鶴見良行さん

鶴見良行さんがアイハウスを足場にして自由闊達《かったつ》な生き方をした思い出は尽きないが、アイハウスの記憶にとどめるべきは、アジアの知識人コミュニティーとの接点を切り開いてくれたことであろう。「日米知的交流計画」のアジア版をアイハウスに導入したいという思いは、JDRも松本先生も早くから共有していた。しかし、アジアとの交流事業が国際文化会館によって組織的に展開されるまでにはまだ至っていなかった。

「アジア知的協力委員会」が発足したのは六八年であるが、そのきっかけはウ・タント国連事務総長の提唱した国連大学を日本につくることを夢見て来日し、国際文化会館を定宿にして文部省高官らと接触していたエリザベス・ローズ（Elizabeth Rose、コロラド州ユネスコ協会理事）夫人であった。国連大学設立構想の実現の機運が高まるにはかなり時間がかかるので、さしあたってはアイハウスがアジアとの交流を始めるのを支援したいという趣旨でローズ夫人がまとまった資金を寄付してくれた。それにJDRからの新たな一〇万ドルの寄付、さらには日本の産業界からの資金支援なども加え、アジア諸国との人物交流事業が始まったのである。

アイハウスが事務局を担った「アジア知的協力委員会」は、松本重治、中山伊知郎（一橋大学元学長）、大来佐武郎（日本経済研究センター理事長）の三氏で構成され、鶴見さんはその委員会からの派遣によりアジア諸国、特に東南アジア各地を広く回って情報を集め、誰を日本に招聘するかについて委員会に進言する立場にあった。この頃鶴見さんは、ベトナム戦争反対運動を超え広く東南アジア全域に関心を深めつつあり、自らも国際文化会館の組織の外で「アジア勉強会」を立ち上げていた。鶴見さんが東南アジア各地を訪れて接触した知識人のほとんどは、独裁的権力構造の中でそれに抗《あらが》いながら知的誠実性を貫いて生きている人々であった。

他方、アジアとの接点ではＪＤＲが六三年に創設したアジア文化協会（JDR Fund という名称で発足し数年後に Asian Cultural Council へ改称）は、アジアの芸術家や知識人の幅広いネットワークや正確な情報を持っていたが、鶴見さんはそれを手掛かりとして活用した。私も六八年から、鶴見さんの足跡をたどりながら東南アジアを回るようになり、彼とアジアの人々とのつながりの濃密度を痛感させられた。

鶴見良行氏（提供：埼玉大学共生社会教育研究センター）

エリザベス・ローズ理事（『写真集 国際文化会館』より）

アジア知的協力プログラムに出席の、左よりカラチ大学I. H. クレシ副学長、一橋大学中山伊知郎名誉教授、松本重治夫妻（1968年、『写真集国際文化会館』より）

当時、朝日新聞社が発行していた季刊誌『朝日アジアレビュー』（七一年冬季号）に私が寄稿した「東南アジアの知識人像」は、鶴見さんに啓発されて書いたものである。鶴見さんは行く先々で、知識人と接触しただけでなく、大衆レベルにまで深く入り込み、彼らの目線で彼らの社会を観察し、社会の構造的不正・不平等とそれを醸成する国際システムを解明し、糾弾しようとした。だからこそ名著『バナナと日本人――フィリピン農園と食卓のあいだ』（岩波新書のロングセラー）を書くことができたのだと思うが、少なくとも最初のリサーチ旅行はアイハウスの任務としてであった。アイハウスに七四年まで席を置き給与支払いも受けていたが、特定の仕事に携わることはなく、アジア研究者、反戦活動家としての道を歩んで行った。

山小屋の愉しみ

フロントデスクで働いた時代に話を戻すことになるが、夜勤明けの時間を利用して、運転免許証を取得した。アメリカで取得した免許証を書き換えることも法的には可能であったが、当時の日本国内を走る車のほとんどはまだマニュアル車で、日本で車を運転するにはその操作ができなければならなかった。夜勤明けに目黒の「日の丸自動車学校」に何度か通って免許証を取得した。免許証を手にするとすぐに、中古のブルーバードを東京日産中古車販売店（現在、六本木ヒルズが建っているところにあった）で購入した。価格は二七万円で、支払いは一〇カ月の分割払いにしてもらった。六〇年代初めの東京の街を走る車の数はまだ少なく、自動車購入に車庫証明書など不必要で、路上駐車の取り締まりもないに等しい時代であった。購入した中古品のブルーバードは通勤にも使ったが、同じ中古車でもアメリカで乗り回したパワフルな八気筒エンジンのオールズモービルとは違い、急な鳥居坂を登るにはアクセルを目いっぱい踏み込んでどうにか登れる程度の馬力だったので、少し遠回りだが六本木交差点を右折して三河台町（現在六本木ロアビルが在る周辺）の方からのルートに切り替えた。当時、車で通勤していた職員は、中野区在住の蠟山道雄・調査室長（後に上智大学教授）と私の二人だけで、職員の車通勤を禁ずる規制などなく、また会館のパーキングスペースが満杯になることはまれであった。入手したブルーバードの前部座席は運転席と助手席が一体になったベンチシートで使い勝手がよかった。

私の運転歴はコネティカット州で免許証を取得した六二年に始まり半世紀をゆうに超えて続く

が、オールズモービルの後の愛車は常にブルーバードだった。九〇年代初めに富士山南麓の十里木高原（富士宮市と箱根を結ぶほぼ一〇里の古道に由来する名前、海抜九〇〇メートル）というところに建てた小さな山小屋へ出掛けるのにも車は欠かせない存在になる。もちろん日本車の性能は六〇年代では考えられないほど向上し、週末を十里木で過ごすのに東名高速道路の川崎・御殿場間を走行するのは快適だった。『国際文化会館五〇年の歩み』の草稿を書いたのもこの山小屋であった。四〇年近く住んでいた東急田園都市線宮前平駅近くのマンションは、書籍やもろもろの品々であふれていたので、それを十里木に移し、ゆったりくつろげる山小屋の生活環境を整えるには数年かかったが、富士山と愛鷹山に挟まれた大自然の中への家族と愛犬を加えたドライブは、

富士山と愛鷹山に囲まれた十里木高原の山荘で夫人とくつろぐ著者。

十里木山荘外観（上下とも著者提供）

往復二〇〇キロの楽しい旅だった。高速道路を出た後は、妻がハンドルを握ることもあったが高齢になると往復ともに私が運転するようになった。帰りにはいつも二〜三ダースのペットボトルに富士山麓の湧水を入れて持ち帰った。豊かな自然は、大都会の煩雑な生活から心身を解放し癒やしてくれる魔力があった。

四季ごとに変化し、さまざまな姿を見せる樹木や草花、そして時折現れるリスやキジなどの野生動物たちと身近に接することができるのは楽しかった。この地域には、コブシ、エゴノキ、ウツギ、アセビ、豆桜（別名富士桜）、ブナ、ヤマボウシ、ミズナラ、ミツマタ、野バラ、ミツバツツジなど実にさまざまな在来種が繁茂し、また十里木でしか見られないアブラチャンという灌木と高木が混じり合ったような落葉樹にも初めて出合った。新緑の時期のアブラチャンの薄緑の葉は富士の霊峰を隠し、世界がすべて緑におおわれてしまったかと錯覚させるほど、樹勢の強い樹で、密生を防ぐために若木を伐採してもすぐに新芽が出てきて二〜三年もすると樹形は元通りになる。

自生野草の種類も豊かだ。スミレ、野イチゴ、ギボウシ、富士アザミ、ホタルブクロ、ヤマユリ、タンポポ、ムサシアブミなど数え切れないほど多様だ。背たけほどのクマザサを数年かけて退治したあとにナナカマド、ニシキギ、ヤマブキ、コデマリなどを近所の植木園で買って移植したがいずれもいつの間にか消えてしまい、根付いたのはモクレンぐらいだった。いろいろな野鳥にも出合える。シジュウカラやヤマガラは人間に対する警戒心が薄いらしく、手のひらにヒマワリの種をのせているとすぐにどこからともなく姿を見せてつまんでいく。

自然界の世代交代が思った以上に早いことも十里木で学んだ。強風に耐えられず倒れて朽ち果てる木々が多い半面、その後には必ず新芽が出てくる。アブラチャンが新陳代謝の速さを示す好例だ。強風にも倒れることがなく、しかも成長が早く高く伸びるので、中心部の太くなった木を切り取っても翌年にはその周辺に若木が成長し、二〜三年で成木に近い姿になる。豆桜は富士桜の別名もあるようだが、その世代交代の早さはアブラチャンに劣らない。初めて十里木を訪れた頃すでに直径一〇センチ以上の成木で、毎年五月初めには見事な花を楽しませてくれたが、強風には弱く、嵐が吹いた後に行くと何本かが倒れている。しかし、その生命力は強く、横たわった状態でも二、三年は花を咲かせる。驚異的なのは、その根元周辺から生える若木の成長速度である。我が山小屋の庭の二世代目の豆桜は、今では立派な成木になり、毎春見事な花を咲かせている。世代交代の遅い樹木ももちろんたくさんある。その一つがコブシである。コブシも樹勢の強い樹木で天高く伸びる一方で、枝を払っても翌年にはその倍も伸び出すが、秋に落ちた赤い大きな実が翌春に発芽しているのは見たことがない。

しかし、残念なのは数年前から豊かな自然の営みに、グローバルな気候変動の影響が目立つようになったことである。生物の生態変化に最初に気が付いたのは、それまで全く姿を見せることのなかった鹿が現れてからであった。五、六年前のことだ。それまでは御殿場から十里木に通じる国道四六九号線には、山道に入ると「鹿に注意」の道路標識がところどころにあるが、実際に鹿に遭遇することなどはなかった。ところが、ある夏の夕方、ベランダに出てビールを飲んでいると杉林の奥の方で、何か動く気配がするので注意して見ると、なんと大きな角のある鹿ではないか。驚いて大声を出し、石ころを投げても、鹿は悠然とこちらをじっと見つめて立ち去らない。あわてて管理事務所に鹿の出現を知らせると、最近は群れをなして現れることさえ珍しくはない、とのことだった。

人間の仕業である自然環境の破壊は、野生動物の生態にも変化をもたらした。富士山中腹をエサ場にしていた鹿は、それが侵食されたためにエサを求めて人間の居住地区まで入り込むようになったのである。野菜だけでなく野草の根まで掘り起こして食べてしまう。群生していたミョウガも見られなくなってしまった。残念なのは毎年大輪の花を咲かせ芳しい香りを漂わせてくれたヤマユリの球根は鹿の好物らしく、掘り起こされてすべて食い尽くされてしまったことだ。春になると一番早く芽を出すフキノトウももう見られない。雪の多い年には樹木の皮まで剥《は》ぎ取られてしまう。地元の人々にとっては死活に関わる問題だが、野生動物と共生するための解決策はまだないようだ。

高齢者の運転免許更新期間が三年に短縮され、さらに更新手続きに認知機能検査と実技も課されるようになり、私も七十五歳を過ぎてから三度更新したが、三度目の更新をした二〇一八年、家族に説得されて運転をやめる決断をした。買い替えて間もない日産車ノートを手放すのは苦渋の決断だったが、事故を起こしてからでは遅過ぎると自分に言い聞かせて、バス、地下鉄、タクシーなどを使う生活にようやく慣れ始めたところだが、十里木への道は遠くなってしまった。

企画部の組織改革

六〇年代末から七〇年代半ばへかけては、アイハウスにとってさまざまな挑戦と対応に迫られた時代であった。アイハウスの挑戦はアメリカの対外政策とも密接につながっていた。すでに触れたようにプログラムの統括責任者の立場にあった鶴見良行さんがベトナム戦争反対運動にのめり込み、組織の規律を全く顧みない行動に走っても、それを咎《とが》めたり、本業をおろそかにしないよう諭す者は誰もいなかった。

松本先生自身も米軍によるベトナム北部への爆撃には批判的で、アメリカ知識人社会へ大きい影響力をもつ「アメリカン・アセンブリー」（The American Assembly: コロンビア大学の公共政策シンクタンク。一九五〇年にドワイト・アイゼンハワー将軍によって設立された）に招かれた講演でアメリカの自制を説き、また雑誌『中央公論』に寄稿した「日米関係を憂える」をめぐり、親密なライシャワー駐日大使との関係が一時的だが対立することもあった。他方、調査室長として軍縮問題などの研究をフォード財団の助成で進めていた蠟山道雄さんは、桃井真（防衛庁防衛研修所）、神谷不二（慶応大学）、永井陽之助（東京工業大学）、前田寿（朝日新聞）の各氏らと安全保障研究グループを組織して、アメリカのモートン・ハルペリン（Morton H. Halperin）氏らと定期的に「日米合同専門家会議」を開いたりしていた。蠟山さんの父政道氏は著名な政治学者で松本先生とは近衛文麿首相のブレーントラストともいえる「昭和研究会」を通じて親交があったことから、道雄さんを幼少時から知っていてアイハウスの職場でも「みっちゃん」と愛称で呼んでいた。そのためかどうか知らないが、蠟山さんは松本先生を遠慮なく批判することも少なくなかった。しかし、彼も組織の規律などにとらわれない点では鶴見さんと同様で、自分は夜型人間だからと言って、出勤して来るのはいつも昼近くであった。

言うまでもなく、組織の幹部職員二人がこのような状態では、組織が機能しなくなるのは当然であった。こうした状況を心配した他の幹部職員ももちろんいた。その一人が当時秘書課長であった田辺龍郎さんである。彼は親譲り（父定義氏は新渡戸稲造の門下生で、東京市政調査会の常務理事を務めた。一九九九年度の日本最高齢者、一一一歳）のまじめ人間で、松本先生の了解のもとに企画部の人事刷新を断行した。鶴見、加固両名を理事長特別補佐にしてルーティンワークから外し、代わりに私が企画部長に任命された。七〇年一月のことで、私が三四歳のときである。当時の企画部は、総勢五人にすぎない小さい集団で、部長と言ってもこまごましたことまですべて自分でやらなければならなかった。加えて、鶴見さんも加固さんも共に「理事長特別補佐」という職名の嘱託職員として同じ部屋にデスクを与えられていたので、元部下としてはなんとなく圧迫感のある職場環境であった。蠟山さんは別の個室にいたが、七一年『中央公論』に発表した論文「なぜ中国を承認すべきか」で吉野作造賞を受賞し、翌年には上智大学教授に招かれてアイハウスを去った。

また、鶴見良行さんは、七四年にアイハウスを離れるが、加固さんは理事長特別補佐としての職務を全うし、松本先生だけではなく次の永井道雄理事長も補佐し、九〇年代半ばまでアイハウスに残った。創立二〇周年記念事業の一つとして編纂出版した『東南アジアハンドブック』をはじめ、『中東ハンドブック』『アフリカハンドブック』など一連のハンドブックシリーズの刊行を独りで担当し、またソ連との人物交流事業も細々ながら継続できたのは加固さんならではの仕事であった。松本先生は、ラトガーズ大学、上智大学、アーラム大学に加えて、名誉学位を八六年にソ連科学アカデミー東洋学研究所から贈られているが、それは日ソ人物交流における加固さんの働きがあったからである。

こうした変化が生じ職場環境の秩序が回復する中で、私はすべての面で部下の協力やイニシアチブはあまり期待せず、自己完結的に自分でやらなければ気が済まないという悪癖にはまり込んでいった。前上司が周りに居続ける環境は、組織の刷新にはためにならない面があったのは確かであったにせよ、そのような環境のせいばかりではない。少なくとも部下を信頼して仕事を任せることを怠ったのは間違いない。組織のリーダーシップとは、リーダーが先頭に立つよりもむしろ後部にいて部下が生き生きと仕事ができる環境をつくり、後に続く人材を育成することが重要であることに当時の私はまだ気付かなかった。

この時期のアイハウスは、民間による国際交流の窓口として圧倒的な存在で、海外、特にアメリカの大学、研究機関、交流団体、財団などさまざまな方面から多種多様な協力要請が集中して舞い込み、その対応だけでも多くの時間とエネルギーを消耗しなければならなかったが、私自身にとっては仕事の充実感、達成感に満ちた日々であった。米ソ間の冷戦が進行する時代背景もアメリカとの交流を拡大深化する力として作用した。五七年一〇月、ソ連による人工衛星スプートニク打ち上げ成功は、アメリカに大きな衝撃を与え、官民をあげてソ連の先行を傍観しない姿勢と行動が顕著になった。国防教育法（National Defense Education Act）により米政府は科学研究や地域研究の振興目的に膨大な支出を予算化し、またロックフェラー財団やフォード財団なども地域研究者育成の助成に動きだした。

東アジアにおける共産主義拡大を封じる防波堤としての日本を研究する専門家養成も当然重視され、アイハウスは米政府や民間財団の助成金で来日する研究者を受け入れる窓口として有効に機能する貴重な存在となる。フォード財団の場合には、同財団が助成する研究者フォード・フェローだけでなく国籍にかかわらず海外から来日する日本研究者への便宜供与を目的にした助成金をアイハウスに提供した。その助成金は年額二〇〇〇ドルにすぎない少額だったが、期待されたアイハウスの便宜供与（サービス）は、個々の研究者の必要に応じて、長期居住場所の斡旋《あっせん》、適切な研究機関や個人研究者の紹介、日本語個人教師、通訳、翻訳者の斡旋など多岐にわたった。家族同伴で来る研究者のベビーシッターの斡旋を頼まれることもあった。五年ごとに更新されたフォード財団のこの助成は七五年まで続いた。

日米大学交流のパイオニア――ジャクソン・ベイリーさん

来日する外国人研究者個人に対するこうしたさまざまなサービスや支援活動は、日本理解を目的に来日するグループや団体にも拡大されていく。特に、米国の大学が派遣する学生グループに対する協力・支援活動（宿舎の確保、日本人講師の紹介、旅程の作成など）は、六一年にインディアナ州のアーラム大学とオハイオ州のアンティオーク（Antioch）大学が「ノン・ウェスタン・スタディーズ」を導入するために来日した合同調査団に対する協力・支援活動が始まりであった。さまざまな形の協力がアイハウスのプログラムの中で比重を増していく。その端緒となったアーラム・アンティオーク両大学合同チームを率いたのは、後にアイハウスの常任研究参与を務めることになるジャクソン・ベイリー（Jackson H. Bailey）教授だった。

来日する米国の学生グループに対する支援サービス活動は年ごとに増大し、六七年以降は、大学における正規カリキュラムの一部に取り入れ、毎年夏に学生グループを指導教授が率いて来日する大学も多くなる。その一つは、米中西部のルーテル派系の五大学連合ファイブ・カレッジ・コンソーシアム（Augustana, Gustavus Adolphus, Muhlenberg, Gettysburg, Wittenberg）である。このコンソーシアムを率いて定期的に来日してアイハウスと密接な関係をつくり上げたのはグスタフ・アドルフス大学のデルヴィス・シュナイダー（Delvis Schneider）教授（比較宗教学）であった。そして彼のイニシアチブに最も意欲的な反応を示したのは、オハイオ州スプリングフィールドにあるウィッテンバーグ大学（Wittenberg University）である。同大学は、六七年からユージン・スワンガー（Eugene Swanger）教授（東アジア宗教）が引率指導教官となり、二十数名の学生を毎夏日本での研修プログラムに参加させるようになった。七〇年代初めからはペンシルベニア州のルイスバーグにあるバックネル大学（Buck-

ジャクソン・ベイリー教授（『国際文化会館55年史』〈英文〉より）

nell University）も定期的に日本研究専攻科の学生のための夏季日本研修プログラムを実施し始めた。スワンガー教授に劣らぬ情熱をもってバックネルの学生グループを引率したのは台湾出身で『松岡洋右とその時代』（長谷川進一訳、TBSブリタニカ、一九八一年）の著者デービッド・ルー（David Lu）教授（近代日本政治外交史）だった。アイハウスではこうした大学グループの日本研修プログラム作りとロジスティクス支援の拠点としての機能を果たすことが定着し、また同様な夏季プログラムを始めるためにアイハウスに支援を求めてくる他の大学も増え、毎年七〜八月はそうした要請への対応が企画部スタッフの主要な仕事になった。

ルーテル派五大学連合の中で最も意欲的だったウィッテンバーグ大学は、コンソーシアム解散後も、夏季日本研修プログラムを単独で長年にわたって継続した。その結果、同大学には東アジア研究科が創設されることになる。スワンガー教授は、サバティカル・リーヴ（七年に一回とれる一年間の有給休暇）の大半を家族ともども日本で過ごすほど同大学における東アジア研究の発展に意を注いだ。

アイハウスによるこうしたアメリカの学部レベルでの日本研究支援は、八〇年代には米国のさまざまなビジネススクールが実施する日本研修プログラムへ拡大され、バージニア大学、ジョージア州立大学やワシントン大学（ワシントン州）などによる夏季日本研修プログラムへの支援も定着した。また、こうした動きは、日本経済の戦後発展が頂点を極めた軌跡と重なり、アメリカの大学が日本の地方都市に分校を開設する現象も見られた。この現象は短期的な一過性で終わり、現在も存続しているのは、東京の貸しビルを校舎にしているテンプル大学日本校だけだ。この時代には、アメリカの大学と日本の大学の間に姉妹校関係を結ぶことを目的にした米NPO法人College and University Partnership Program が設立され、カール・ハルヴァーソン（Carl Halverson）理事長が頻繁に来日した。日本の地方大学にどのような交流需要があるかを調査する事業にもアイハウスは協力し、「日米文化教育交流会議」（八六年）をテネシー州ナッシュビルで開催する計画の実現に協力した。

戦後日米教育交流の軌跡を振り返ると、ベイリー教授が果たした先駆的役割、特に学部学生交流分野で果たした役割の大きさが突出していたことがよく分かる。敬虔《けいけん》なフレンド派キリスト教徒（クエーカー）で、太平洋戦争中もフレンド派の信条である絶対平和主義に徹して「良心的理由から武器を手にとるのを忌避する」ことを認められたベイリーさんは、フィリピンに上陸した米軍の兵站部に送られた。終戦早々日本に来たのも、占領米軍兵士のための厨房要員としてであった。日本での最初の仕事は、米軍兵士ほぼ四〇〇〇人分の感謝祭用ターキー料理を準備することだったそうだ。除隊後にアーラム大学で学び、さらにハーバードに進んで、ライシャワー教授のもとで西園寺公望についての博士論文を書き上げた。

その後は五九年から九四年に引退するまで母校アーラム大学を中心に広く米中西部諸州のリベラルアーツ系の諸大学で東アジアを含む「ノン・ウェスタン・スタディーズ」の導入と発展に寄与した。六四〜六五年はアイハウスの研究参与として勤務するかたわら、アーラム大学が中心的役割を果たす五大湖大学連合ＧＬＣＡ（Great Lakes Colleges Association, Albion, Antioch, Allegheny, Denison, DePauw, Earlham, Kalamazoo, Kenyon, Oberlin, Wabash などのリベラルアーツの大学などが加盟）と早稲田大学との間に交換留学生制度を構築するのに奔走した。ＧＬＣＡと早稲田の交流が軌道に乗ると、さらにその制度を早稲田以外の日本の諸大学とＡＣＭ（Associated Colleges of the Midwest、米中西部のリベラルアーツ大学 Beloit, Carleton, Monmouth, Lake Forest, St. Olaf, Knox, Grinnell, Macalester, Colorado など二十数校〈現一四校〉が加盟）の間にも導入するために奔走し、実現に成功している。

こうした活動を持続的に展開させるためにベイリー教授はアイハウスの常任研究参与職を辞した後も頻繁に来日し、早稲田大学にＧＬＣＡが派遣する教授がレジデント・ディレクターとして常駐し、ＧＬＣＡ留学生の指導任務に当たる制度もつくり上げ、それに習ってＡＣＭも京都にレジデント・ディレクターを置くようになった。シラキュース大学をすでに引退していたゴードン・ボウルズさん（アイハウス創設時から五七年までの常務理事）も同志社大学に請われて一年間ＡＣＭレジデント・ディレクターを務めた。

早稲田に常駐するレジデント・ディレクターは、アーラム大学の教授であることが多く、リチャード・ウッド（Richard Wood）さんもその一人だ。ウッドさんは、九鬼周造の『「いき」の構造』についての研究で博士号を取得した日本専門家で、その後アーラム大学長、イェール大学神学院長、日米友好基金理事長、ＪＳ会長、アジア高等教育支援キリスト教連盟（United Board for Christian Higher Education in Asia）会長などを歴任した。アイハウスとの関係では、ＡＦＩＨＪ（American Friends of the International House of Japan――アイハウスを財政的に支援するために米国内で非課税扱いされる寄付を受け入れる組織）の再構築にも尽力してくれた。

ベイリーさんの情熱とエネルギーは尽きることがないかのように広がっていった。早稲田の学外活動拠点の一つ「思惟の森の会」が岩手県田野畑村にあるのを知ると、彼はそこへも足を延ばして長期滞在を繰り返した。東北農村の地域社会の人々との交流を深め、ＧＬＣＡ加盟校の学生が岩手県市町村の中学校で英語教師として働く仕組みをつくり、大きな成果を上げている。今日、政府資金によって全国規模で実施されているＪＥＴ（語学指導を行う外国青年招致事業）プログラムの先駆である。

それだけではない。ベイリーさんは、過去に何度も大地震による津波災害に見舞われた三陸海岸沿いの田野畑村の歴史を研究してその成果を『Ordinary People, Extraordinary Lives: Political and Economic Change in a Tōhoku Village』（University of Hawaii Press, 1991）という著作にまとめ、田野畑村の人々が繰り返し体験した自然の大災害にめげずに立ち直ってきた姿を紹介している。二〇一一年の東日本大震災でも田野畑村は大津波に襲われ、甚大な被害を受けたが、ベイリーさんはその前に他界している。晩年のベイリーさんは、日本理解を深めるためのドキュメンタリー映画作成に恩師ライシャワー教授と一緒に多くの時間とエネルギーを注いだ。米国内テレビ放映用に国際交流基金の助成で制作した"Japanese History on Videocassette: Part I: Japan: The Living Tradition; Part II: Japan: The Changing Tradition"というタイトルの一連の作品（各三〇分の一六巻シリーズ）は、ＰＢＳ（Public Broadcasting Service）やネブラスカ州リンカーンに放映センターがある大学放送教育センターなどのチャネルを通じて放映され、好評を博した。

プロフェッショナル・ベガー

こうしたベイリーさんらのアメリカにおける日本研究のすそ野を広げるさまざま活動を持続的に発展させるには、それを支える資金が必要であったことはもちろんだ。日本の国際交流基金やメロン財団などアメリカの財団からの支援はあったが、それだけでは不十分だった。ＧＬＣＡの同窓生やインディアナ州に進出している日本企業などにも資金支援を求めて奔走するが、なかなか成果が得られなかった。ベイリーさんの苦境を知った松本先生は、経団連の米中西部会の会長を務めていた元三井物産社長の水上達三氏に話を持ち込んだ。米中西部穀倉地域が日本にとって重要であるのを熟知していた水上氏は、松本先生と一緒に来訪したベイリーさんの資金援助要請に対し、「何とかしましょう」と好意的に応じてくれた。水上氏を訪問した帰路の車の中で、松本先生はベイリーさんに「僕たちはプロフェッショナルなベガーだね」と笑いながら語りかけたのが鮮明に記憶に残る。その数日後に、水上氏から米中西部会として二〇〇〇万円を調達して寄付することを確約しますという朗報があった。ベイリーさんが生涯をかけて努力してきたことが日本の経済界でも認められたのである。水上氏からの朗報に、ベイリーさんは小躍りして喜んだ。

こうした日本経済界からの資金を基に「Institute for Education on Japan」がアーラム大学に設立されたのである。日本の協力への感謝の意を表すべく、アーラム大学は水上氏と、松本先生に名誉学位を授与することを決定し、水上氏は八六年度のコメンスメント（学位授与式）にキャップ・アンド・ガウンをまとって出席したが、高齢の松本先生は出席できず、翌八七年に学長が来日してアイハウスで松本先生への名誉学位授与式が行われた。松本先生にとってはラトガーズ大（六四年）、上智大学（七八年）、ソ連科学アカデミー東洋学研究所（八六年）に次ぐ四度目の名誉学位だった。

ベイリーさんが敬虔なクエーカー教徒であったことについてはすでに触れたが、アイハウスの草創期に関わった人々の中にはクエーカーが少なくなかった。一つには、アイハウス設立に動いた人々の多くが新渡戸稲造の門下生あるいはその流れに連なる人たちであったからである。新渡戸はクエーカー教徒で、メアリー夫人はフィラデルフィアのクエーカーの名門エルキントン家の出であった。アイハウス設立発起人に名を連ねた前田多門、松本先生の恩師高木八尺、そして東京大学の外国人教師をしながら常務理事として松本先生を助けたゴードン・ボウルズさんらもみなクエーカーであった。アイハウス設立を先導することになる人物交流事業「知的交流計画」のアメリカ委員会を実質的に取り仕切ったヒュウ・ボートン教授も熱心なクエーカーであった。ボートン教授の回想録『Spanning Japan's Modern Century: The Memoirs of Hugh Borton』（邦訳『戦後日本の設計者——ボートン回想録』、朝日新聞社、一九九八年）は、クエーカーと日本の関わり、新渡戸夫妻との出会いなどについても詳しく触れている。

新渡戸稲造博士（『国際文化会館55年史』〈英文〉より）

クエーカーは戦後日本が食糧不足で困っていたときにいわゆる「ララ物資」（LARA, Licensed Agencies for Relief in Asia）供与のイニシアチブを発揮して食糧援助を行い、また皇室の英語教育にも貢献していることはよく知られている。ベイリーさんの思い出は尽きないが、最も印象に残るのは、アーラムを退き故郷のバーモント州で有機農業をするために引っ越しをしたとき、愛馬二頭を乗せた大型トレーラーを自ら運転して数百マイルを超す距離を運んだという話をベイリーさんから直接聞いたことだ。その二年後の九六年、ベイリーさんは、がんで亡くなった。

思わぬ名誉学位授与

六〇年にベイリーさんたちが始めた日米文化教育交流事業は、六一年に訪米した池田勇人首相とケネディ大統領との間で合意された日米文化教育交流会議（The United States-Japan Conference on Cultural and Educational Interchange, 以下カルコン）の設置によって大きく前進することになる。日米双方にカルコン委員会がつくられて定期的に意見を交換し、それぞれの政府に教育交流や文化交流についての政策提言をする仕組みができ、松本先生は日本委員会のメンバーに選ばれた。交流分野ごとの小委員会も双方に設置されて、活発な交流が展開されるようになった。ちなみに池田首相は、松本先生に国連大使就任を白洲次郎氏を通じて懇請したが、先生は断った。理由は、アイハウスの仕事に専念することをジョン（ロックフェラー三世）に約束していたからだった、と後に白洲からの手紙を見せて私に話してくれた。七二年六月にニューヨークとワシントンで開催されたカルコン合同会議に出席する松本先生に私が同行することになるが、それには

ウィッテンバーグ大学（米オハイオ州）名誉学位授与式を終えて、親友のスワンガー教授と著者（1972年、著者提供）

先生の秘書役を務めるためだけではなく、私にとって思いもよらない晴れがましい舞台に立ったためでもあった。

その年の四月、数年継続して協力してきたウィッテンバーグ大学から名誉学位（Honorary Doctor of Letters, *honoris causa*）を授与するという知らせがあり、六月一一日に行われる授与式へ招待されたのである。そのいきさつについては、東京新聞の夕刊版文化欄（七二年八月一〇日）に詳しく書いた。サンフランシスコ経由の先生とのアメリカへの旅は二〇日間をかけたゆとりある日程を組み、ニューヨークで先生がカルコン会議に出席している間に私はオハイオ州スプリングフィールドへ飛び、名誉学位授与式とその関連行事に出席してとんぼ返りでニューヨークへ戻った。私の旅費は古いアメリカ人会員メアリー・パーク夫人からの寄付で賄われた。松本先生は私の分不相応な名誉学位受賞を大変喜び、五番街の六六六ビルの最上階のレストランでお祝いのディナーをご馳走してくれた。私の人生のハイライトである。この年に生まれた長女を晴子と名付けたのは、スプリングフィールドにちなんでである。その二五年後の九七年、米国留学中の二人の子どもと妻を伴い、再び五番街六六六六のレストランで食事を共にしながら往時を家族に語る機会をつくったことが楽しく思い出される。

第四章　松本時代の黄金期と広がる交流網

イニシエーターからファシリテーターへ

一九七〇年代は、私にとって特に記憶に残る多忙極まる時代となる。七〇年一月に企画部長に任命され、少人数ながらも部下を動かしながら仕事をする立場になったからでもあった。

新渡戸フェロー第一期生を送り出しながら、アメリカ建国二〇〇年記念カルコン（日米文化教育交流会議）シンポジウムの開催にニューヨークのジャパン・ソサエティーと共催者として深く関わるなど、アイハウス発信プログラムより外部から持ち込まれるプログラムへの対応に追われるケースが増えていった時代である。もちろん外から持ち込まれるプロジェクトの選別は慎重に判断し、アイハウス本来の目的との整合性が希薄な場合には参加や協力を断ったが、それでも内外のさまざまな個人、団体や任意グループなどから協力を求められるケースが増えていった。そもそも、財団法人国際文化会館の定款には「目的を同じくする他団体への協力」が掲げられていて、当初からこうした活動は「他団体への援助・協力」という項目で理事会へ提出する年次報告書の中に位置付けられていた。特に海外の団体や研究者グループが日本国内で実施するプロジェクトなどでは、国内の信頼度の高い組織の協力が不可欠で、民間組織としての中立性と高い信用性をすでに確立していたアイハウスのような機能を有する組織による支援の需要は増え続けた。

アメリカの日本研究者たちによる「日本近代化に関する研究」の枠組みを日本人研究者の意見も聞いて決める予備会議「箱根会議」（六〇年）の開催もアイハウスの協力があったから実現したのであった。この先例から内外の研究者たちから持ち込まれる国際研究会議の種類も数も増え、それに対応するスタッフは、多くの時間とエネルギーを投入するようになる。振り返ると、アイハウスのプログラム活動の歴史は、草創期の「知的交流計画」「日米民間人会議」（ダートマス会議）、六〇年代後期からの「アジア知的プログラム」、そして七〇年代に導入した「新渡戸フェローシップ」などを除けば、他はほとんど外部からの持ち込みプログラムにクリエーティブに対応していった歴史であるといってもよいかもしれない。すなわち、イニシエーター（主導役）からファシリテーター（運営役）へ変身していった時代とも言えるかもしれない。もちろん、文化交流においてはファシリテーターの役割はイニシエーターと同様に重要であり、文化交流自体が多岐にわたるイニシアチブを選別しながら効果的に結び付けるクリエーティブな媒体として機能することである面を過少評価すべきではない、と私は今も信じている。

問題は、一見受動的に見えるファシリテーターの役割を、いかにして成果が期待できるプロセスに転換できるかということだ。そのためには想像力や創造性が求められる。これまでの六十余年に及ぶアイハウスの歴史の中で、自らのイニシアチブで実施した事業は数も種類も極めて限ら

第２回国際道教会議（1972年）。左より、ジョセフ・ニーダム博士、ジャック・ダル　ワシントン大学教授、ネーサン・セビン MIT 教授（『国際文化会館55年史』〈英文〉より）

れ、多くは外部から持ち込まれた事業のファシリテーターとして展開されている。特に目立つのは、内外の研究者たちが持ち込んだ重要な国際研究会議がアイハウスの介在によって実現したケースが多いことであり、それは誇りに値すると言えよう。そのような国際会議やセミナー、ワークショップなどの中で、特に印象に残る例をいくつか挙げて振り返ってみたい。

　企画部長として私が最初に関わったのは、七二年に開催された第二回国際道教会議（2nd International Conference on Taoist Studies）である。どのような事情でこの会議の日本での開催にアイハウスが関わることとなったのかについては、はっきりと覚えてはいないが、東京教育大学（現・筑波大学）の酒井忠夫教授（東洋史）らの熱心な協力要請についてはよく覚えている。そして酒井教授の背後には、この会議を日本で開催することを強く望むハーバード大学東アジア研究センターのウィリアム・ウェルチ（William Welch）教授やその恩師に当たるアーサー・ライト（Arthur Wright）イェール大学教授らがいた。酒井教授は米英独仏などからの研究者も参加が予定されるこの会議の東西学術交流史上の重要性を強調したが、会議に必要な資金の調達や会議運営については全く未経験であった。酒井教授の懇請に応じて実行委員会を組織することから深入りし始め、結局はその事務局を丸抱えする役割を引き受けることになった。資金の大部分は、創設後間もない大阪万国博覧会記念基金の補助金によって賄った。六日間にわたりほぼ五〇人が参加したこの会議の会場には、長野県茅野市にあったヴィラ蓼科を選んだ。このホテルは同盟育成会（同盟通信など通信社ＯＢが運営）と関係があったので、松本先生の縁で割引料金で使用できたからである。日本人参加者の中には、仏教、道教、東洋哲学、古代中国思想などの分野の研究者であると同時に寺院住職を兼務している人々も少なくなかった。

会議の運営で最も苦労したのは言葉の問題であった。会議に提出された日本人研究者の論文は、事前に英訳され参加者すべてに配布されていたが、会議のディスカッションには通訳が必要であった。当時はまだ同時通訳者の数は極めて少なく、アイハウス会員でフリーランスの通訳者であった足立千枝さんが孤軍奮闘してくれたが、固有名詞、特に道教に関係する人名や地名については英語読みで発音しても日本人参加者には理解できないので、黒板を会場に持ち込み、固有名詞に言及されたときには、それを即座に漢字で表記することが必要だった。その役割を見事に果たしてくれたのは、オブザーバーとして出席していた早稲田大学文学部の福井文雅・重雅兄弟（高名な仏教学者福井康順〈大正大学学長、早稲田大学名誉教授〉氏の長男と次男）であった。英語とフランス語をよく理解し、仏教や道教の研究者でもあった福井兄弟がこの会議で果たした役割は大きい。

参加者の一人マサチューセッツ工科大学（MIT）のネーサン・セビン（Nathan Sivin）教授も同様な役割を買って出てくれた。福井兄弟が即座に反応できないような場合には、セビン教授が自席を立ち黒板に向かった。イギリスからは大著『中国の科学と文明』（Science and Civilisation in China）の編著者として世界的に知られるジョセフ・ニーダム（Joseph Needham, 1900〜95）博士も参加した。彼は中国に入国して自由な研究活動をすることを中国政府から認められていた数少ない西洋人学者であった。中国における道教の現状についてニーダム博士に話をしていただく特別セッションが設けられ、博士は中国各地の道教寺院を自分で撮影した8ミリ映画を見せながら文化大革命が続く中での中国人の信仰生活について語り、参加者の好評を博した。

この会議は、都会を離れた場所で行われたので、参加者たちが夜に酒を酌み交わしながら自由に交流できるようにとの酒井教授の発案で、ロビーの隅に「バー崑崙《コンロン》」を開いた。崑崙とは、道教とゆかりの深い仙人が住むと言われる想像上の山岳名である。夜遅くまで参加者たちが歓談を続けていた姿は印象に残る。

アスペン・情報政策会議

印象に残る国際会議のもう一つは、八五年に米国のアスペン人文研究所（Aspen Institute for Humanistic Studies, 以下ＡＩＨＳ）と共催した「通信技術革新と民主主義」をテーマにした日米会議である。共同議長はＡＩＨＳ理事長ロバート・アンダーソン氏（Robert O. Anderson, 1917～2007）と七二年以来ＡＩＨＳの理事会に名を連ねていた大来佐武郎氏（内外政策研究会会長）であった。日本側からは猪瀬博氏（東京大学工学部長）をはじめとする通信技術専門研究者や井深大氏（ソニー会長）ら通信産業界のリーダー、アメリカ側からはＡＩＨＳの理事会メンバーに加え、ＦＣＣ（Federal Communications Commission）議長、ＡＴ&Ｔ社長、ヘンリー・キッシンジャー氏ら日米総勢四〇人が参加して行われた。私は会議費の調達も含めた裏方の仕事を背負うことになった。アイハウスが七四年からＡＩＨＳの日本事務所として機能していたからであるが、そのいきさつについては後に詳しく触れる。会議資金集めは、猪瀬先生が紹介してくれた通信産業の大手企業数社から各一〇〇〇万円ずつ拠出していただいて賄った。三日間にわたるホテル・オークラでの会議もつつがなく終え、井深氏の配慮で参加者全員で筑波科学博を見学することもでき、また中曽根首相がＡＩＨＳの理事全員を首相官邸での茶会に招いてくれるなど、会議は成功裏に終了した。

しかし、その後に思わぬことが発生した。会議の裏方を務めた私の労を個人的にねぎらいたいというＡＩＨＳのジョセフ・スレーター（Joseph E. Slater, 1922～2002）会長から妻と共にディナーに招かれ、出かける準備をしていたときに、電話が鳴った。暑い土曜日の午後であった。アメリカ側の裏方役だったマイケル・ライス（Michael Rice、ＡＩＨＳの「コミュニケーションと社会」担当部長）さんが上野駅近くの路上で何者かに刃物で襲われ、救急車で日大駿河台病院に収容されたことをスレーターさんが知らせてきたのである。電話では詳しい事情が分からないので、押っ取り刀で病院に駆け付けた。マイケルは緊急処置室で数人の医師や看護師たちに囲まれ、酸素マスクを付けてベッドに横たわっていた。多量の出血があったらしく顔は蒼白だった。しかし、意識は確かで、私の顔を認めるとやや安堵の様子を示し、よわよわしい声ながらしゃべりだした。傷が腎臓に達しているのか、いまどのような処置が施されているのか知りたいと言う。医師にそれを伝えると、とにかくまずレントゲン検査やＣＴスキャンによる検査をしなければならないということで、マイケルはベッドに横たわったままで、緊急処置室に運ばれて行った。検査は一時間以上かかったが、その間に私は被害者本人から被害調書をとる必要があるとのことで廊下で待

ロバート・アンダーソン AIHS 理事長（『国際文化会館の歩み』より）

猪瀬博 東京大学工学部長（『国際文化会館の歩み』より）

アスペン会議の風景（1985年、著者提供）

機していた上野警察署の刑事から、事件の概要を聞き出すことができた。

　マイケルが果物ナイフのような凶器で背後から襲われたのは狭い路地の日本料理店の前で、店頭のガラスケースの中に陳列してあるメニューのサンプルを写真撮影しようとカメラを構えたときに、後ろから右腰あたりをブスリと刺されたらしい。現場を目撃していた板前さんがタオルで止血応急措置をし、警察に通報、さらに現場からふらふらした足取りで立ち去ろうとしていた男を捕まえて警察に引き渡した。男は精神障害者らしい。ざっとこうしたことが刑事の説明で分かった。やがてスレーターさんも駆け付けてきて、検査結果を一緒に聞いた。幸い腎臓はやられていないが、刃先は一五センチの深さに達していて腹膜を破っていれば手術が必要になるとのことだ。生命に関わることはないが、しばらくは様子を見なければならず、絶対安静が必要だという。

こうした医師の説明を、医学用語にうとい私がなんとか英語でマイケルに伝えることができたが、スレーターさんは、マイケルが言葉で困らないよう聖路加国際病院へ明日にも移ることを提案し、本人も医師も了承した。翌朝、私はマイケルの聖路加への転院手続きなどを考えながら駿河台に出かけた。マイケルはまだ集中治療室に入ったままであったが、大分落ち着きを取り戻した様子であった。痛みのためにほとんど眠れなかったとはいうものの、顔色はよくなっていた。しばらくは入院生活が続くことになるマイケルのために、自宅から持ってきた小さなラジオと途中で買った英字新聞を差し出しながら、ふと枕元に目をやると、何とその両方がすでに置いてあるではないか。随分サービスの行き届いた病院もあるものだと感心するよりも怪訝《けげん》に思っているとマイケルが懇願するような目つきと声で、「ひとつお願いがあるのだが、聞いてもらいたい」

ジョセフ・スレーター AIHS 会長（『国際文化会館55年史』〈英文〉より）

マイケル・ライス氏（『国際文化会館55年史』〈英文〉より）

と遠慮がちに切り出した。

「昨夜の話では、今日にも聖路加国際病院に移すということだったが、どうか転院はやめてほしい。これほど行き届いた世話をしてくれる病院は、アメリカではとても考えられない。昨夜、緊急処置が済んだ後、医師団と看護師さんたちが、私のベッドの周りに勢ぞろいして、ふとどきな日本人のためにあなたがこんな目に遭われたことに対して日本人として深く陳謝したいと言って、深々と頭を下げてくれた。僕はびっくりし、感動した。このラジオも英字新聞も看護師さんたちが届けてくれたんだよ。アメリカの病院ならば、ナース・ベルを押してナースがすぐに現れるのは、奇跡を期待するのに近いが、ここでは一回押すだけですぐに飛んで来てくれる。しかも優しい笑みを浮かべながら。ドクターたちも親切で、コミュニケーションは筆談で十分できる。とにかく僕はこの病院がすっかり気に入ったから他の病院へ移すのはやめてほしい」

というわけで、スレーターさんにも説明して転院はしないことにした。幸いにして手術の必要もないことが判明し、二週間後にマイケルは退院できた。

帰国する前日、マイケルの希望で、応急措置や警察への通報など協力してくれた日本料理店に菓子折りをもって訪ねた。ここでもまた、お礼に参上したことに感謝して板前さんたちがそろって深々とお辞儀をして、マイケルを再び感動させた。マイケルが帰国する前、私はマイケルを東京タワーに案内し、高い所から東京を俯瞰しながら聞いてみた。「日本でこんな目に遭って、二度と日本に来たくないでしょうね」と。答えは、「逆ですよ。精神障害者はどこの国にもいるもので、私がたまたまアンラッキーだったにすぎない。それより、この事件を通じて、日本人が人の気持ちをどんなに大切にする国民であるかを身をもって知り、日本人が大好きになった。機会があれば何度でもニッポンに来るよ」。

この返事を聞いて私は、浅はかな質問をしたことがなんとなく恥ずかしくなった。ちなみにマイケルを刺した男は、東京地裁で懲役一年の刑に処されたことを後で知った。その後、マイケルとはコロラド州アスペンで会う機会が数回あったが、あの忌まわしい事件から数年後に、治療の際の大量輸血に起因する肝炎で亡くなる。亡くなる前年にニューヨークを訪れたとき、マイケルと彼のパートナーが自宅でのディナーにジャパン・ソサエティーのアイザック・シャピロ会長夫妻らと共に招いてくださったが、マイケルのパートナーとの連絡はほどなく途絶えてしまった。

この会議には、もう一つ忘れがたいことがある。すでに述べたが、この会議にはFCCのメンバーや米商務省で通信政策を担当する連邦政府高官なども参加していた。「情報化時代の通信政策課題や通信技術革新がもたらす社会変化」などのテーマが議論され、日本の情報産業界のトップクラスも数名参加した。その中には米政府高官と近い関係をつくる意図からか贈り物を会議の合間に手渡すケースがあったらしく、それを受け取った高官から会議の後に私が呼び出され、自分は外国人から贈与物を受け取ってはならない立場にあるので、返還してほしいと現物を託された。中身をその場で開けてみると桐箱に入った京都龍村製の豪華なテーブル・センターで、アメリカ政府高官に義務付けられている贈与品（一〇〇ドル以上）に相当するかどうか分からなかったが、私は指示通り送り主の企業の秘書室宛てに郵便で返送した。日本は物を贈ったり贈られたりする慣習があり、この場合にもおそらく送り主には特別な他意はなかったであろう。しかし、贈与品の受け取りは連邦公務員の倫理規定に反するときっぱり拒んだ高官の姿勢に感心するとともに、気恥ずかしい思いもした。ちなみにこの高官はアフリカ系アメリカ人であった。

ウィリアムズバーグ会議

アイハウスがファシリテーターとしての役割を長期間継続的に果たした国際会議もある。その一つはロックフェラー三世（ＪＤＲ）自身のイニシアチブで始まったウィリアムズバーグ会議（Williamsburg Conference）である。これは、中国の国連加盟が確実になった状況を踏まえ、アジア太平洋地域の政治、経済、外交、軍事などの環境がどう変化するかについて、ＪＤＲがアメリカをはじめアジア諸国の識者、経済人、政治指導者らを個人の資格で招聘してオフレコで自由に議論を交わす場として七一年にその第一回がバージニア州ウィリアムズバーグで開催された会議であり、その名は第一回開催地に因む。第二回がインドネシアの古都ジョクジャカルタで行われた後、第三回会議はぜひ日本で開きたいというＪＤＲの希望に応じてアイハウスがローカル・ホスト役を引き受けることになった。松本先生は会議自体の重要性に加え、この会議のローカル・ホストに期待されている現地開催費用を国内で調達することは、ＪＤＲへの恩返しにもなるとの判断で引き受けたのであった。

箱根観光ホテルでの三日間の会議にはＪＤＲの個人的招待に応じてほぼ四〇名の錚々《そうそう》たる顔ぶれが集まった。ロシアン・アンワール（インドネシア『プドマン』主筆）、デレク・デービス（『フ

1973年箱根で開催した第３回ウィリアムズバーグ会議（国際文化会館とアジア・ソサエティー共催）。左より、ロバート・バーネット、宮澤喜一、ジョン・D.ロックフェラー３世、スジャトモコ、フィリップス・タルボット、ジョージ・ボールの各氏（『国際文化会館55年史』〈英文〉より）

アーイースタン・エコノミック・レビュー』編集長）、ガザリ・シャフィー（マレーシア外務大臣）、タナット・コーマン（元タイ外相）、リチャード・ホルブルック（『フォーリン・ポリシー』編集長）、スジャトモコ（元駐米インドネシア大使）、A・メルチョール（フィリピン政府官房長官）、フィリップス・タルボット（アジア・ソサエティー会長）、そして日本からは松本先生はじめ江森盛久（三菱総研会長）、後藤達郎（三井物産副社長）、宮澤喜一（衆議院議員）、大来佐武郎（海外経済協力基金総裁）、神谷不二（慶応大学教授）、衛藤瀋吉（東京大学教授）、矢野暢（京都大学教授）の各氏が出席した。日本人参加者はすべて英語によく通じた人々だったので、私にとっては通訳の手配を心配する必要のない初めての国際会議であった。また事務局員として会議を傍聴することができ、植民地時代の遺産ともいえる西洋流の理論とレトリックを駆使して正確な自己主張能力を身に付けた東南アジアの要人と親しくなる関係も築けた。会議招集者であるＪＤＲは、終始にこやかな表情で、活発に交わされる議論に耳を傾けるだけで発言をすることはなかった。

最終セッションでタルボット氏が三日間の議論を総括した後、はじめてＪＤＲが発言した。会議出席者に謝意を表明した上で、皆さんが有意義だと判断されるなら来年の開催も考えると述べるだけで、明確なコミットメントはしなかった。しかし結果的には毎年開催され、継続的なアジア太平洋地域の指導者層が率直に語り合う貴重な場となった。香港で開かれた第四回会議にも松本先生は参加し、ＪＤＲのイニシアチブによるこの会議の重要性を改めて認識し、ウィリアムズバーグ会議を継続的・財政的に支援し、日本人参加者の推薦などを任務とするウィリアムズバーグ会議協力日本委員会を立ち上げ、大来氏に委員長を引き受けていただいた。この委員会の事務局の役割はアイハウスが引き受けたので、私はほぼ三〇年にわたってウィリアムズバーグ会議に関わることになった。

七八年、ＪＤＲがニューヨーク市郊外ポカンティコの別荘からニューヨーク市内へ帰る途中での自動車事故で亡くなった後は、三名の共同招集者名でアジア・ソサエティーが組織する会議として続けられている。三名の共同招集者は、インドネシアのスジャトモコ氏とフィリピンのメルチョール氏に大来佐武郎氏が加わった構成でスタートした。共同招集者の顔ぶれは随時変わったが、大来佐武郎氏だけは九一年まで変わらなかった。大来氏の後は、大河原良雄氏（元駐米大使）が一〇年間務め、その後は室伏稔氏（元伊藤忠商事会長）が継いだ。

第三回会議のローカル・ホスト役を務めたことが契機となり、アジア・ソサエティーとアイハウスの間にはジャパン・ソサエティーとの間におけるような恒常的協力関係が形成されていった。それは、アジア諸国との交流関係を広げていくことを目指した七〇年代のアイハウスにとっても重要なネットワークをアジア諸地域に構築するのに役立った。ウィリアムズバーグ会議に中国人参加者が初めて出席したのは、八〇年に東京で開催された第一〇回会議からであった。北朝鮮から三名が出席したのは、第一回から三〇年以上経った二〇〇二年に沖縄県名護市で行われた第三二回会議である。ただその後の会議には北朝鮮からの出席者はいない。

この第三二回会議は、森喜朗内閣時代に開催された沖縄・九州サミットの主要会場施設として建設された「万国津梁館」を使用することになり、当時日本側の共同議長であった大河原良雄氏と共に事前に現地を下見した。さらに会議参加者が嘉手納基地（米空軍基地）を見学する機会を設けることができるかどうかを検討するために嘉手納基地を訪問し、米空軍の広報担当官と相談した。担当官は出席予定者リストを見て積極的であったが、二泊三日を原則とするウィリアムズバーグ会議の日程に会議場からかなり離れた基地訪問のための時間を割くことは困難で、結局、嘉手納基地見学は実現しなかった。しかし、私個人にとっては嘉手納基地内に足を踏み入れ、米軍兵士たちの生活環境を瞥見《べっけん》できた貴重な体験であった。「万国津梁館」は会議場としては申し分のない施設であるが、宿泊施設はなく近隣のホテルを使用しなければならず、近隣ホテルはザ・ブセナテラスという超高級ホテルだけだったので会議費用は予算を大きく上回った。それまで日本で開催された三回の会議は、日本企業数社からの寄付金で賄われてきたが、今回はそれだけでは賄いきれなくなった。会議費の精算でほぼ一万ドル相当の赤字になった。アジア・ソサエティーのニコラス・プラット（Nicholas Platt, 1936～）会長に実情を説明し、次年度の会議に対する日本企業寄付金から返済することを約束して名護会議の赤字をなんとか補塡することができた。

名護でのウィリアムズバーグ会議での苦労は、資金不足への対応だけではなかった。キーノートスピーチを引き受けていただいた閣僚の秘書官から、会議直前に現地受け入れ体制について細かい指示が次々に出され、忍耐強いと思っていた自分ではあるが我慢の糸が切れる寸前まで追い込まれた。それは那覇空港と会場間の送迎用の車両にまで注文が付けられたからである。求められた車両は現地では調達できない高級車だったので、それはできないと伝えると秘書官は、それでは大臣はキーノートスピーチを取り止めるかもしれないと威嚇的な態度を示した。幸いなことに、那覇市に設営した臨時会議事務局員が名案を出してくれ、秘書官から「強要」されたクラスに近い高級車を保有する民間人から借り上げることができてことなきを得た。

日本とは国交のない北朝鮮からの参加者を受け入れるのにも苦労した。入国手続きが複雑であっただけではなかった。北朝鮮から入国したのは、外務省北米局長ジャン・チャンチョン氏に通訳と補佐官を含む三名だった。三名のうち局長だけが会議のテーブルに着き、他の二人はその後ろの席に座った。三人の間にはおそらく地位の序列があったのだろうが、背後に座った二人は、いつも熱心にメモを取っていたが、テーブルに着いた局長は会議で発言することは一度もなかった。食事をするときも他の参加者と交わることはなく、三人だけで片隅のテーブルで黙々と食べていた。食事はすべて四人用テーブルだったので、空席に私が入り込んで会話を試みた。三人とも外務省のアメリカ担当官であったが英語の能力は低かった。上着の襟につけている赤い徽章を記念にいただけないかと尋ねると、三人ともこの徽章なしで帰国すれば厳罰に処せられると即座に強い拒否反応を示した。愚かなことを聞いたものだと我ながら恥ずかしくなった。彼らは会議終了と同時に北九州空港経由で帰国したが、沖縄滞在中は他の参加者たちとコーヒーブレークなどでも接触を避け、常に三人一緒に行動していた。おそらく自分たちの行動のすべてが誰かに監視されているという恐怖感があったのだろうと思われる。

沖縄でのウィリアムズバーグ会議の裏方として黙々と働いてくれた企画部の園田公博さんの名も記しておきたい。

細谷千博先生との仕事

国際会議のファシリテーターとしてアイハウスが果たした役割を振り返るとき、最も印象深いのは、細谷千博（一橋大学教授）氏を中心にした研究者グループのイニシアチブに呼応して実現した一連の国際シンポジウムである。その萌芽となる「日米関係史（一九三一～四一年）国際共同研究会議」（六九年）については『国際文化会館五〇年の歩み』に詳しい言及があるのでここでは触れないが、この会議をモデルにした「日英関係史会議」（七九年、ロンドン）と二度開催さ

「日米関係史（1931～41年）国際共同研究会議」（河口湖、1969年）の参加者（『国際文化会館55年史』〈英文〉より）

れた「太平洋戦争史研究国際会議」（九一年と九五年）についてだけ触れておきたい。前者はブリティッシュ・アカデミーの下部組織である第二次世界大戦史研究委員会との共同プロジェクトとしてロンドン市内の軍事博物館を会場にして行われた。あらかじめ日英双方から提出されていた一〇編の論文が討議に付され、そこで指摘された点や批判コメントなどを参考にして各論文の筆者が修正版を用意し、討議録も含めて出版するという基本的な枠組みを設定して実施された。

この会議に、オブザーバーとして出席していた六七歳の元駐日英大使ジョン・ピルチャー卿（Sir John Arthur Pilcher, 1912～90）が、会議場を退出する際に「そろそろおいとまつかまつりたく候」と流暢な歌舞伎調であいさつして去られた姿が印象深い。

Fifty Years After: The Close of The Pacific War Re-examined
August 23-26, 1995
Organized by The International House of Japan

「太平洋戦争終結50周年国際学術研究会議」終了後の記念写真。前列左から２番目が細谷千博教授、左端が著者、1995年（国際文化会館提供）

また、英語同時通訳者の能力が低いことにいら立って、会議テーブルの自席から同時通訳者のブースに飛び込んで行って自ら通訳された麻田貞雄教授（同志社大学）の姿も忘れがたい。会議の成果は『日英関係史　一九一七～一九四九』として八二年に東京大学出版会から、そして英語版はロンドン大学のイアン・ニッシュ（Ian Nish）教授による『Anglo-Japanese Alienation 1919–1952』として同年にケンブリッジ大学出版局からそれぞれ刊行されている。

「太平洋戦争史研究国際会議」は、開戦五〇周年と終結五〇周年にそれぞれ当たる年に合わせ実施された。最初の会議では「太平洋戦争への道」について日米二国間関係を超えた多国間関係の中で検証し、二回目の会議では戦争の衝撃と戦後のアジア太平洋地域の秩序形成過程を明らかにすることを目指した。そしてそれぞれの成果は、『太平洋戦争』（九三年）、『太平洋戦争

『日本――二百年の変貌』（マリウス・ジャンセン著、加藤幹雄訳、岩波書店、1982年）

の終結・アジア太平洋の戦後形成』（九七年）としてそれぞれ東京大学出版会、柏書房から刊行された。

細谷先生から持ち込まれるこうした国際共同研究プロジェクトはすべて綿密な知的枠組みと参加予定者がほぼ決まっていたので、アイハウスの役割は主として実行に要する資金の調達と研究者間の連絡網を支える事務局として機能することであり、また最後にはプロジェクトの成果を出版することであった。このようなさまざまなプロセスの中で最も大変だったのは、計画を始動させるのに必要な資金調達であった。また計画が始動しても、それを継続させて最終成果を出版という形でまとめ上げるまでの経費を一つの財源だけから調達するのは困難であることが多く、いつも複数の財源（企業寄付、財団助成金など）を探さなければならなかった。その結果、私自身もいつの間にか「プロフェッショナル・ベガー」になったと思うことがたびたびあった。しかし、七二年初めに国際交流基金が誕生し、民間企業財団も相次いで出現するようになるとファシリテーターとしての資金確保の任務の重圧が少しは軽減したように感じたのを覚えている。

細谷先生が中心になって行われる国際研究会議には意外な楽しみもあった。会議最終日の夜には必ず関係者すべてに対する感謝と慰労のためのパーティーを設けてくれたことである。そんな席ではあの謹厳な細谷先生が、その昔第一高等学校の学生だった頃によく踊ったという「河童

（カッパ）踊り」を披露されたり、先生の「盟友」有賀貞教授が英語で落語を演じるなど、学者の意外な「かくし芸」を楽しませていただいた。細谷先生は、国際会議の冒頭で自己紹介のあいさつをするときにいつも定番のジョークで始められることが多かった。それは"I am the most distinguished scholar in Japan"と言って始まり、一呼吸おいてから"by inches"と付け加えるのである。長身の先生ならではのジョークであった。

細谷先生は、プリンストン高等研究所（Institute for Advanced Study）で一年間過ごされたことがあるが、そのときにプリンストン大学の東アジア研究科長マリウス・ジャンセン教授と親交を深められた。ジャンセン教授の著作『Japan and Its World』を高く評価した先生は、日本語訳を岩波書店が出版する意思があるのを確認した上で、私を翻訳者として推薦してくれた。ジャンセン教授のこの著作は、アメリカ建国二〇〇年記念行事の一つとしてピュージェット・サウンド大学（University of Puget Sound, ワシントン州）で行った講演録で、杉田玄白、久米邦武、および松本重治の三人がそれぞれ生きた時代の日本の変化を三人の生涯を縦糸にして活写し、それぞれの時代の潮流を解明した名著である。その日本語訳版『日本——二百年の変貌』（岩波書店、一九八二年）を松本先生に贈呈すると、先生は大変喜ばれ、すぐに二〇冊を買い上げてくれた。

細谷先生とは、アイハウスが協力した国際研究会議以外にもご一緒する機会があった。それは横浜国立大学教授から神奈川県知事に転身された長洲一二氏が掲げた「湘南国際村」構想を検討するための審議会においてであった。この構想は、葉山町の海岸沿いの丘陵地でゴルフコースがあった一帯に防災上の理由で地盤強化をする必要が生じ、第三セクター方式で地盤強化工事を行い、さらに滞在型の国際交流センター、住宅、および企業の研修施設などの複合施設を開発し、防災対策としても役立つ地方創成の模範例を示す野心的な計画であった。そしてその計画のモデルの一つとして、ゴーストタウンを文化的なリゾートタウンに再生させる起爆剤となったアスペン人文研究所（ＡＩＨＳ）が選ばれた。アイハウスとＡＩＨＳとの提携関係が深化しつつあった頃で、細谷先生が委員長を務めたこの審議会に私も招かれた。バブル経済崩壊の影響により「湘南国際村」構想の実現は大幅に遅延したが、長洲知事のリーダーシップで完成している。

最晩年の細谷先生は、ヘルニアに悩まされながらも『日本外交文書』編纂委員会委員長として、定期的に外務省外交史料館に来られ、帰り道によくアイハウスに寄られてコーヒーをご一緒させていただいたが、先生は昔話にふけるよりこれからすべき研究について熱っぽく語られた。

細谷先生から学ぶことはたくさんあったが、最も印象に残るのは、七八年四月にアイハウスの樺山ルームで開かれたジョン・マクロイ（John Jay McCloy, 1895~1989）氏を囲む懇談会の後、先生が私の愚問に答えられたときのことである。マクロイ氏は、ヘンリー・スティムソン米陸軍長官の下で次官として対日戦争に決着をつけるために連合国首脳がポツダムに会した会議に出席し、日本への降伏条件提示に新兵器（原爆）の使用予告を加えることを進言したことなどで知られる人物である。また同氏は、日米開戦直後に日系アメリカ市民を強制収容する政策を推進しただけではなく、戦後アメリカ政府が強制収容は間違いであったことを認め、レーガン大統領の政権になって生存者すべてに二万ドルの慰謝料が支払われた後も、戦時の強制収容政策が間違いではなかったとする見解を変えることはなかった。彼はロックフェラー家とも親密で、特にＪＤＲの末弟デービッドとの関係が深くチェース・マンハッタン銀行会長、世銀第二代総裁、外交問題評議会会長などとして戦後も長く活躍し続けたウォール街のエリートローヤーである。

マクロイ氏の訪日についてJDRから知らされた松本先生が、細谷先生に日米関係研究者との懇談会を提案して開かれたこの「マクロイ氏を囲む会」には、細谷先生を中心に数名が出席し、密度の高い質疑応答が交わされた。ほぼ二時間にわたる懇談会の終わり近くに、出席者の一人が、マクロイ氏に、回顧録を書く意思があるかどうかを質問した。マクロイ氏は、即座に"No"と答え、その理由として個人の回顧録は、著者がいかに客観的に書こうとしても、自己弁護が無意識に働き、後世の史家を誤らせることにつながりかねないからだ、という趣旨を朗々と弁じた。マクロイ氏のこの返答に感動した私は、懇談会終了後に細谷先生にマクロイという人物の器の大きさを痛感したことを伝えた。すると先生は笑いながら、「加藤くん、われわれ歴史家を甘く見てはいけないよ、歴史家はマクロイさんが挙げた理由など百も承知の上で個人の回顧録などを読んでいるんだよ」と答えた。先生のこの言葉に自分が発した愚問が恥ずかしくなった。本稿を書きながらも先生の言葉が聞こえてくるようで、自らを戒めている。

第三三回東洋学者会議

アイハウスが主催、共催、協力などさまざまな形で関わった国際学術交流会議は数え切れないほどあるが、私にとって忘れがたい原点の一つは、六七年八月にミシガン大学を会場にして開か

イェール大学ジョン・ホール教授（『国際文化会館の歩み』より）

れた第二七回世界東洋学者会議（XXVII International Congress of Orientalists）である。これは第一回会議が一八七三年にパリで開かれた由緒ある会議で、もともとはオリエンタリストと称していた西洋のアジア・アフリカ研究者の定期的な研究集会であった。アジアやアフリカの研究者が参加するようになったのは第二次世界大戦後である。第二七回会議はモスクワで開催する予定であったが、ベトナム戦争を理由に土壇場で辞退したために、急きょ会場をミシガン大学に変更して開かれることになった。八月一三日から一九日まで同大学で開催された会議には、世界五五カ国からほぼ二五〇〇名の研究者が参加した。アイハウスは、この会議の国際組織委員会メンバーのジョン・ホール（John Hall）イェール大学教授、日本代表団長・山本達郎東京大学教授や代表団幹事役の金井圓《まどか》（東京大学史料編纂所教授）氏らの支援要請を受けた。私も団長付き通訳として代表団に加えていただいた。

　会議参加者が多いため、大学近辺のホテルやモーテルに加え大学のドミトリーが宿舎として使用された。私に与えられた任務は山本教授と児玉幸多学習院大学教授が出席される会議運営委員会に出てお二人の通訳を務めることであった。それ以外は、関心のあるセッションにオブザーバーとして自由に出席できた。広いキャンパスを炎天下、傍聴したいセッションの会場を探して走り回った記憶が残る。

　参加者が二五〇〇名にも及ぶ大規模なコンベンションからは、小規模会議を主流とするアイハウスのプログラム運営には直接役立つ経験は得られなかったが、個人的な収穫は少なくなかった。その後に深く長い関係ができる数名の日本人学者の知遇を得た。その一人は衛藤瀋吉（東京大学教授）氏である。また早稲田時代にゼミで指導を受けた恩師正田健一郎教授にも久しぶりに再会できた。会議終了後に、青春時代の思い出の深いコネティカット州ウェストポートを再訪したり、友人の結婚パーティーに出席したりして、忘れがたい夏となった。ニューヨークでは、ブルックリンブリッジのすぐ近くに住む友人のアパートに泊めてもらい、橋を歩いて渡ってマンハッタンへ往復した。橋の中頃には本物のベガー（物乞い）がたくさんいて"Could you spare me a dime"と迫られたことがよみがえるが、繁栄を極めた六〇年代のアメリカでこうした人々に出会ったのは栄光の裏側を見せられた思いであった。

石坂記念講演シリーズ

以上、国際的な文化・知的交流においてファシリテーターとしての役割に財源確保が含まれたケースを中心に振り返ったが、財源が最初から確保されているプログラムをファシリテーターとして支援するケースももちろんあった。

そのような例としてすぐ念頭に浮かぶのは、「石坂記念講演シリーズ」である。これは第二代経団連会長石坂泰三（一八八六～一九七五）氏を記念して七六年に設立された国際文化教育交流財団（通称石坂財団、現公益財団法人経団連国際教育交流財団）の事業の一環として七八年から二

カリフォルニア工科大学ハリソン・ブラウン教授（『国際文化会館55年史』〈英文〉より）

〇〇二年までの間に計一三回開催された。米国のゴッドキン記念講演（Edwin L. Godkin Lectures）などを参考にして考案されたこのシリーズは、「今日の人類社会が直面するさまざまな問題を幅広く取り上げ、世界的に著名な講師にグローバルな視野から卓見を平易な言葉で開示してもらい、それを出版刊行することによって、広く世人の啓蒙と国際相互理解の増進に寄与する」ことを目指して行われた。アイハウス増改築募金委員会の委員長を引き受けていただいた石坂氏を記念する財団の設立とその事業展開に松本先生は積極的に参画した。石坂記念講演シリーズも松本先生の発案によるものであり、講演者の選定にも石坂財団の理事として関与された。

第一回講演会はカリフォルニア工科大学のハリソン・ブラウン（Harrison Brown, 1917〜86）教授による「弾力性社会の創造」をテーマにアイハウスを会場にして行われた。第二回以降は経団連会館の大会議室で実施されるようになるが、すべてが主催石坂財団、協力国際文化会館という形で実施された。また講演録はすべて商業出版されているが、出版社との折衝や講演録の編集も協力者としてアイハウスが担当した。出版された講演録の中には、文庫化されたものもある。中村元『仏典のことば』、C・レヴィ・ストロース『現代世界と人類学』、アマルティア・セン『グローバリゼーションと人間の安全保障』などである。

アイハウスがファシリテーターとして機能することで実現した同種の講演シリーズには、ライシャワー記念講演、マンスフィールド記念講演などもあるが、私にとって特に印象深いのは、リチャード・ストリー記念講演シリーズである。ストリー（G. Richard Storry, 1913〜82）教授は、英国の日本研究の第一人者で、オックスフォード大学セント・アントニーズ・カレッジで長年にわたって教鞭をとり、またオックスフォードで学ぶ多くの日本人学生や研究者を温かく迎え支援し、八一年に国際交流基金賞を受賞した。その翌年に急逝したストリー氏を惜しむ日英双方の人々が、彼の功績を讃え、語り継ぐために、「リチャード・ストリー記念講演シリーズ」を企画し、その経費は募金で調達する案が松本先生に持ち込まれた。発起人には、西春彦（元駐英大使）、堀江薫雄（東京銀行相談役）、岡義武（東京大学名誉教授）、武田清子（国際基督教大学教授）、河合秀和（学習院大学教授）各氏ら、イギリス側からはウィリアム・ディーキン（F. William Daykin）、アーサー・ストックウィン（James Arthur Stockwin）氏らが名を連ねているが、実質的な計画推進者は、萩原延壽さんであった。

リチャード・ストリー教授夫妻
（国際文化会館提供）

萩原さんは、幕末から明治期に日本に滞在したイギリス外交官アーネスト・サトウ（Sir Ernest Mason Satow, 1843〜1929）の評伝『遠い崖：アーネスト・サトウ日記抄』の著者として知られる外交史研究家で、松本先生に私淑していたので、私も親しくさせていただいていた。萩原さんは「君には決して迷惑をかけないから、募金事務局の窓口役をお願いしたい」ということで、これこそファシリテーター機能を果たすべきケースだと判断し、松本先生の承認を得た上で「リチャード・ストリー記念講演募金委員会」事務局を引き受けた。

萩原さんの言葉にうそはなかった。八五年に募金を開始し、ほぼ一年で目標額を上回る一六〇〇万円が集まった。セント・アントニーズ・カレッジ同窓生やストリーさんが戦前に三年間英語を教えた小樽高商（現小樽商科大学）関係者などからの個人寄付に加え、英国と関係の深い企業からの寄付もあった。すべて萩原さんが奔走された結果であり、私がお手伝いしたのは、寄付金が課税控除を受けられるようにするための手続きをしたことぐらいだった。寄付金全額は国際交流基金を通じてセント・アントニーズ・カレッジに送金され、ジェームズ・ジョル（James Joll、ロンドン大学名誉教授）氏を講師に第一回ストリー記念講演が八六年に開催された。この講演シリーズは、九七年まで続き、その間に日本人講師として招かれたのは、武田清子、入江昭、緒方貞子、都築忠七氏らである。

共同研究を支える

資金確保の苦心なしにファシリテーターの役割に徹することができた国際研究プロジェクトも少なくないが、特に印象に残る例を二～三件挙げておきたい。第一は、八二年からほぼ一〇年間にわたって関わった「日本の政治・経済・社会再評価」という日米共同研究で、総合研究開発機構（National Institute for Research Advancement, ＮＩＲＡ）の委託研究として実施された。二度の石油危機を乗り越えた戦後日本経済の強靭《きょうじん》性の、政治的・文化的背景を含めた再評価を試みる研究プロジェクトを提唱したのは、村上泰亮（東京大学教授）氏を中心にした研究者グループで、それにアメリカ側のヘンリー・ロソフスキー（Henry Rosovsky、ハーバード大学）やヒュー・パトリック（Hugh Patrick、コロンビア大学名誉教授）、ダニエル・オキモト（スタンフォード大学）氏らが呼応して発足した。アイハウスがこの研究プロジェクトに関わることになったのは、ＮＩＲＡの助成金は個人研究者グループでは受ける資格がなく機関助成に限られていたため、村上教授からアイハウスがこの日米共同研究プロジェクトの事務局の役割を果たすことを依頼されたからである。ロソフスキー、パトリック両教授らはアイハウスの古くからのメンバーでアイハウスが介在するのを強く望んでいたからでもあった。

東京大学村上泰亮教授

ハーバード大学ヘンリー・ロソフスキー教授（上下とも『国際文化会館の歩み』より）

また当時のＮＩＲＡ理事長下河辺淳氏は、アイハウスの事業をよく知り高く評価していたという事情もあった。しかし、Ｎ

ＩＲＡの助成金を受け、その支出を管理する仕事は、予想以上に煩雑であった。企画部の山田祐子（旧姓柏）さんが担当者となり、プロジェクトの成果が日英両言語でそれぞれ三巻にまとめられて刊行されるまで、忍耐強く対応してくれた。

九五年から三年間にわたって実施した「アメリカ研究総合調査プロジェクト」も忘れがたい。アメリカ研究振興会、日米友好基金、在日米大使館文化交換局などからの助成金を得て国際交流基金日米センターとの共同事業として実施されたが、実質的にはアイハウスの自主事業であった。有賀夏紀（埼玉大学）、大西直樹（国際基督教大学）、古谷旬（北海道大学）、阿部斉（放送大学）、五十嵐武士（東京大学）ら諸教授の協力を得て、(1)ほぼ一五〇〇名の日本人アメリカ研究者の略歴情報の収集とそのデータベース化、(2)高等教育におけるアメリカ研究カリキュラムの実態、(3)「アメリカ研究セミナー」の歴史、(4)七〇年以降に出版されたアメリカ研究書の調査と分析、から成る総合的調査を行い、それぞれの調査結果を刊行し、またそれを踏まえて「日本のアメリカ研究：現状と課題」をテーマにしたシンポジウムを開催した。個人情報の取り扱いが厳しくなる前だから実施できたこの調査プロジェクトを最初から最後まで効率的に丁寧に担当したのは私の後任の田南立也企画部長であった。田南部長はこのプロジェクトが終了してまもなく、日本財団からスカウトされてアイハウスを去った。

「日中戦争史国際共同研究プロジェクト」は、私が橋渡し役を果たした最後のプロジェクトである。ハーバード大学東アジア研究センターのエズラ・ボーゲル教授（二〇二〇年没）から持ち込まれた相談が発端である。ボーゲル教授はかねてから満州事変以降の日中戦争（一九三一～四五年）について日本、中国、アメリカ三国の研究者が共同して研究が行える仕組みを構築したいと考えていたが、九九年に来日された際にその相談を私に持ち込んだのである。慶応大学の山田辰雄教授にボーゲル教授の希望を取り次ぐと、山田教授は是非実現したいと積極的な反応を示してくれた。その結果、翌二〇〇〇年一月に研究内容の共通枠組みを構築して日中戦争史国際共同研究の組織化を進めるための会議がアイハウスで開かれ、三国からほぼ三〇名の研究者が出席した。

日本では山田教授を中心にした日中戦争史国際共同研究グループが編成され、定期的な研究会が開かれるようになった。アイハウスはこの研究会を立ち上げる事務局を引き受けたが、山田教授のリーダーシップで研究会は完全に自主運営されるようになった。また三国合同研究会で研究論文を発表する研究者も増え、その成果も継続的に出版されるようになる。アイハウスがインキュベーター（培養器）の役割を果たしたこの種の研究会は、アイハウスに長期依存し続けるケースが多かったが、この日中戦争史国際共同研究会は自立の速さにおいてもまた着実な継続性においても、そして研究成果の定期的出版においても例外的な存在である。

組織の丸抱え

アイハウスのファシリテーターとしての役割は、その言葉の通常の概念を超えて広がり、緊急避難の傘を提供するケースもあった。グルー基金とバンクロフト奨学基金の場合である。両基金とも元駐日米大使エドガー・バンクロフト（Edgar Bancroft, 1857～1925）氏とジョセフ・グルー

（Joseph Grew, 1880～1965）氏を記念する財団法人で、優れた日本青年を精選してアメリカの大学で四年間学ぶスカラシップを与える事業を行ってきた。バンクロフト奨学基金は戦前にさかのぼるが、戦中は事業を中断していた。戦後、グルー基金が設立されると、バンクロフト奨学基金の事業はグルー基金と実質的には一体化されて運営されてきた。丸ビル内に事務所を置き、専任職員も三名雇用していた。しかし、基金規模が極めて小さいため、事業継続は年々困難に陥っていた。

七一年、理事長に選任された松本先生は、両基金の事務所を閉鎖して事業はアイハウスの企画部に委託して継続する方針を打ち出した。その頃の両基金の財政状態は、管理費が事業費を上回る異常な状態にあった。事務所賃貸料を含む人件費などの管理費を圧縮して事業費を増やす方策として、丸ビル内の事務所を閉じ、事業はアイハウス企画部に委託して継続することになると、企画部スタッフの誰かがこの委託事業に専従する必要があった。

最初にこの奨学金支給事業を担当したのは田南香代さん（旧姓篠）であった。企画部内に両基金事業担当者のデスクが設けられ、最初の一年間は、両基金の事務局長であった北島敏夫氏が企画部の担当者を指導してくれた。両基金とのこの新しい関係は、松本理事長没後も続き、アイハウスの理事長が両基金の理事長を兼任し、企画担当常務理事が両基金の事務局長と常任理事を兼務することが慣例化した。この慣例は二〇〇四年に両基金がアイハウスの傘を離れて、再び完全に独立した体制で事業が展開できるようになるまでほぼ三〇年にわたって続いた。その後に両基金は合併して、名称も財団法人グルー・バンクロフト基金に変更された。

また長い苦難の道のりを東京倶楽部などからの恒常的支援で乗り切れる見通しが生まれると、松本健氏（松本重治氏の次男）らを中心にしたグルー、バンクロフト奨学生ＯＢグループが意欲的に募金活動を展開し、米国内にも課税控除寄付を受け入れる組織を立ち上げるなど着実に成果を上げ、グルー・バンクロフト基金は見事に復活した。この成功は、苦難の時代に生き残れるようアイハウスが支援をし続けたからである。グルー・バンクロフト基金がアイハウスの傘下を離れる前のほぼ一〇年間は、企画部スタッフの丸山勇さんと池田純子さんが、実務を担当した。

グルー基金の創設には樺山愛輔翁も松本先生も深く関わっていた歴史的関係は、公益財団法人グルー・バンクロフト基金の事務所が現在もアイハウスの施設内にある事実がよく物語っている。

救済できなかったケース

アイハウスが緊急避難の傘を広げて延命措置を施したにもかかわらず、最終的には存続できなかったケースがあったことにも触れておきたい。財団法人（後に公益財団法人）「アジア研究協会」である。この財団法人は、市村真一（京都大学教授）氏や衛藤瀋吉（東京大学教授）氏らが「日本人によるアジア研究の振興を図る」ことを目的に、経団連の支援を得て民間企業からの募金で資金を調達して七五年に発足した組織で、京都大学東南アジア研究センター（現・東南アジア地域研究研究所）の機関誌『東南アジア研究』の刊行助成、アジア研究支援、アジア諸国への若手研究者の派遣などの事業を展開していた。設立当初の数年間は、京都大学の近くに事務所を設営して、専従職員も雇用していた。

しかし、グルー・バンクロフト基金の場合同様、基本財産が小規模で事務所の維持が困難になり、衛藤教授の研究室に事務所を移して細々と事業を継続していたが、この臨時措置も国立大学の研究室内に民間組織の事務所を置くことは法的にできないことが判明し、他所に移さなければならなくなった。窮地に追い込まれた衛藤、市村両教授は、松本先生に救済を懇請した。その結果、一定の業務代行費用をアジア研究協会が支払う条件で、八四年に協会事務所はアイハウスに移されることになり、その実務は企画部スタッフが担当することになった。

協会は設立認可時から文部省（現・文部科学省）、外務省、通産省（現・経済産業省）の三省を主務官庁としていたので、小規模とはいいながら協会の予算、決算、事業報告などに関わる事務は複雑であったが、企画部の山田祐子さんが根気よく対応してくれた。しかし、数年後にはこの仕組みも機能しなくなるまでに協会の財政は逼迫《ひっぱく》し、事務代行費の支払いも困難になった。窮余の策として、二〇〇一年に事務所を再び京都に戻し、東南アジア研究センターが事務局を引き受けることになった。

京都に戻った協会は、日本財団の「アジア・パブリック・インテレクチュアルズ交流事業」を活動の中核に据え、そのために必要な定款の改定も行って延命を図ったので実質的には日本財団の下請け同然の組織となったが、新しい公益財団法人制度による公益財団法人の資格を取得して再活性化を試みた。しかし、日本財団の助成金によって数年間をしのいだものの、同財団の助成が途絶えると、事業の継続は不可能になった。二〇一六年に、残余財産（約七〇〇〇万円）を京都大学へアジア研究促進目的で寄贈し、半世紀近くに及んだ歴史を閉じた。新しい制度下で公益財団法人が解散に追い込まれた最初の例ではないかと思う。私はアイハウスが事務代行を引き受けて間もなく協会の評議員に選任され、協会が再び京都へ戻ってからも年一度の定例評議員会を欠席したことがなかったことを、いま振り返ると誇りに思うが、グルー・バンクロフト基金の場合のように再生への道を拓けなかった悔いが残る。

アスペン人文研究所

アジア研究協会のような残念な結末とは対照的に、アイハウスのインキュベーターを巣立ちして、大きく羽ばたいているのが、「日本アスペン研究所」である。現在は一般社団法人として運営されているが、そのルーツは、アイハウスが米国のアスペン人文研究所（ＡＩＨＳ）のジョセフ・スレーター会長の要請に応じてその日本事務所の役割を果たすようになった七三年にさかのぼる。ＡＩＨＳは、四九年、シカゴ大学総長ロバート・ハッチンス（Robert Maynard Hutchins, 1899～1977）やシカゴ経済界の重鎮ウォルター・ペプケ（Walter Paepcke, 1896～1960）氏らがコロラド州アスペンでゲーテ生誕二百年記念祭を開催したことが発端となっている。古典が現代社会

哲学者のモーティマー・アドラー氏（『国際文化会館55年史』〈英文〉より）

に発するメッセージを、『グレート・ブックス』（西洋古典名著シリーズ全五四巻、Great Books of Western World）の抜粋を企業リーダーたちが雄大な自然環境の中で日常の煩雑な生活から離れて精読し、それを基に語らい、思索しながら古典の今日性をそれぞれが再発見するための場として「アスペン・エグゼクティブ・セミナー」を実施することを目指して出発した。

このセミナーの開発と運営に中心的な役割を果たしたのは、ハッチンスと共にグレート・ブックスを編纂した哲学者モーティマー・アドラー（Mortimer J. Adler, 1902～2001）氏であった。ハッチンスやアドラーの関心は、科学技術の発展とそれに伴う知識の専門化、分断化によって人間性（ヒューマニティー）の原点が見失われつつあることに対する懸念であった。そして二人はヒューマニティー復権に有効な手段は、企業リーダーたちにリベラルアーツ教育の重要性を改めて体験してもらう機会を提供することだと考えて、アスペン・エグゼクティブ・セミナーを始めたのであった。

アスペンは、ロッキー山脈の中腹、海抜二五〇〇メートルの高地で、その名はこの地帯に群生する広葉樹アスペン（白樺に似た落葉樹）に由来する。一八〇〇年代後半には銀山の町として栄えたが、ゲーテ生誕二百年祭が行われた当時は、過疎化が進みゴーストタウンに変わり果て、往時の繁栄の面影はオペラハウスとジェロームホテルにわずかにとどめるだけで、アメリカの地図から消えかけていたような存在であった。ＡＩＨＳはシカゴ財界人の資金を得て、その地に一二〇エーカーの土地を確保し、宿舎、セミナー用の会議施設、野外音楽会のための巨大なミュージック・テント等が「バウハウス」（ヴァルター・グロピウス氏が一九一九年に設立したドイツの総合造形専門校、芸術性と機能主義を結び付けたアーティストを輩出したことで知られる）出身のデザイナーで建築家でもあるハーバート・バイヤー（Herbert Bayer, 1900～85）氏の設計によって次々に整備された。AIHSは、ゴーストタウンを思索の場、芸術鑑賞の場として蘇生させる推進力になった。アスペンの蘇生とAIHSの関係については、季刊誌『アステイオン』（No. 9, 1988）に寄稿した「アスペンの蘇生とAIHSの背景」の中で詳しく述べたのでここでは深入りしない。

草創期のAIHSの活動は、リベラルアーツ復権の重要性をビジネス界のリーダーに理解させるのに資するエグゼクティブ・セミナーに限られていたが、六九年にジョセフ・スレーター氏が会長に就任すると、『グレート・ブックス』の世界を超えて現代社会が直面する諸問題について政策提言を行う国際的なシンクタンク機能も果たすようになる。アスペン人文研究所の活動を拡大したスレーター氏と松本先生の関係は、六〇年代にさかのぼる。その時代のアイハウスの主要事業であった一連の「日米民間人会議」（アイハウス史では共催者ダートマス大学〈Dartmouth College, ニューハンプシャー〉にちなんで「ダートマス会議」として言及されることが多い）を資金的に支えたのはフォード財団であったが、同

コロラド州アスペンにて、1973年。著者と夫人（著者提供）

財団の国際助成担当役員としてこの会議に特別な関心を寄せてくれたのがスレーター氏であった。以来、氏と松本先生の間に親交が深まり、ジョー、シゲとファーストネームで呼び合う間柄になり、それぞれの家族間の絆もできた。スレーター氏の長女が仏教に関心をもち、日本の禅寺で修養する機会を希望しているのを知ると、松本先生はその望みをかなえるのに尽力し、彼女は一年間日本の禅宗の寺で修行し、帰国後も仏教関係の仕事に携わった。

スレーター氏が会長に就任した当時、ＡＩＨＳは国内志向の強い小さな組織で、国際活動はほとんどなかった。しかし、戦後ドイツにおける連合軍の管理組織やケネディ政権の国務省などで高官を務めたスレーター氏は、アトランティック・リッチフィールド（ＡＲＣＯ）の創業者でフィランソロピストでもあったロバート・アンダーソン（Robert O. Anderson, 1917～2007）氏を理事長に迎えて豊富な活動資金源を確保すると、ＡＩＨＳを国際的な組織へと拡大していく大胆な動きを始める。まずベルリンに支部を設立（七三年）し、冷戦期の東西関係の緊張緩和に有効な情報交流機能を果たす非政府組織をつくり上げた。同時にスレーター氏はアジアにも目を向け、アジア・ソサエティー会長フィリップス・タルボット氏に委嘱してアジア・セミナー（Executive Seminar on Asian Thought）を新たにアスペン・セミナーに組み入れたり、また理事会のメンバーをアジアからも選任するなど、グレート・ブックスの世界を超えた広範な国際的活動を活発に展開し始める。七二年、日本から大来佐武郎氏、インドネシアからスジャトモコ（Soedjatmoko）氏（元駐米大使で後の国際連合大学学長）がＡＩＨＳの理事会メンバーに選ばれている。スレーター氏と親交のあったソニー創始者の井深大氏と松本先生は名誉理事に選ばれた。

スレーター氏は、経済大国への道程を着実に歩みつつあった日本に特別な関心を示し、AIHS理事ジョン・パワーズ（John Powers, 1916〜98、日本美術やモダンアートの蒐集家としても知られる）氏の提案を受けて、アメリカ企業リーダーのためのジャパン・セミナー（Executive Seminar on Japanese Thought）を、アスペンと日本で行う計画も進めた。スレーター氏が松本先生にアイハウスの協力を要請してきたのは、このジャパン・セミナーのためにアイハウスがAIHSの日本事務所の機能を果たしてくれるのを期待してであった。松本先生はスレーター氏の要請に応じ、アイハウスがAIHSのジャパン・オフィスの機能を果たすのを承諾し、増改築が済んだ会館図書室の一隅にはAIHSの刊行物専用のスペースが設けられた。そして、私はジャパン・オフィスの担当者に任命された。

ジョン・パワーズ夫妻（1967年、『国際文化会館の歩み』より）

他方、パワーズ氏は、私がAIHSの諸活動を現地で体験し、幹部スタッフとの交流を深める機会をつくってくれた。七三年夏、妻と就学前の二児を同伴して、夏の一〇日間をアスペンで過ごし、スレーター、パワーズ両氏をはじめとするAIHS関係者と密接な関係を築くことができた。七四年には専務理事に就任早々の前田陽一先生もアスペンに招かれてエグゼクティブ・セミナーを体験している。スレーター氏のリーダーシップとアンダーソン氏の潤沢な資金援助によってＡＩＨＳは上げ潮に乗り、黄金期に入りかけていた頃である。同じ七四年には、ＡＩＨＳがイランの古都ペルセポリスでパーレビ王妃がスポンサーとなって「イラン：過去と現在、そして未来」をテーマに掲げた大規模な国際シンポジウムを開催し、世界中から三〇〇名近い知識人が集まった。そのほとんどが配偶者同伴だった。配偶者同伴は、アスペン会議の特色の一つである。

前田先生ご夫妻と一緒に私どももその中に加えていただき、王制末期のイラン社会を垣間見る貴重な体験をした。このシンポジウムのイラン側のホスト役は王妃だったので、会場は荒涼とした古代遺跡の傍らに贅を尽くして特設されたロイヤルテントであった。シンポジウム終了後には、イスファハンとシラーズを王妃のゲストという資格で見学することもできた。シラーズのバザールで買った小さなペルシャ絨毯は今も大切に使っている。その四年後に、イラン革命が発生して皇帝も王妃も亡命し、イラン・イスラム共和国が成立するが、シンポジウムではその可能性に言及する議論が全くなかったのが今考えると不思議だ。王制下で「白色革命」を促進していた高級官僚たちの中にはアメリカに亡命した人も多く、スレーター氏は彼らを受け入れ、就職の世話をする窓口の役割を果たすことにもなった。

アイハウスとＡＩＨＳの協力関係はスレーター氏の期待通り深まり、日本国内においてＡＩＨＳの存在とその多岐にわたる事業活動が知られるようになり、また日本企業のリーダーがアスペン・セミナーに参加するケースも出てきた。そしてＡＩＨＳの日本関係事業を財政支援することを目的にした「アスペン人文研究所日本協力委員会」が松本先生の提唱で八一年に発足した。松本先生、スレーター氏と親交のある池田芳蔵氏（三井物産会長）が委員長になったこの委員会は、大来佐武郎（日本経済研究センター理事長）、井深大（ソニー名誉会長）、椎名武雄（日本アイ・ビー・エム社長）、服部一郎（第二精工舎社長）、藤岡和賀夫（電通PR局長）、鹿内春雄（フジテレビ副社長）、太田清蔵（東邦生命社長）、小林陽太郎（富士ゼロックス社長）、山下静一（前経済同友会専務理事）の各氏で構成されたが、最も熱心に「アスペン人文研究所日本協力委員会」を支えてくれたのは、小林、服部、椎名の三氏であった。この委員会ができたことで、次々に持ち込まれるスレーター氏のイニシアチブに対応することができ、私自身も多くの時間をさまざまなAIHS関連の国際会議などに費やすことになるが、すべてやりがいを感じさせる仕事で、また内外で新しい人脈を広げるのにも役立った。

AIHSのジョン・パワーズ夫妻が始めたジャパン・セミナーは、その後十数年にわたって毎年東京、箱根、京都で開催された。

またアスペンでは、ロバート・インガソル（Robert Ingersoll, 1914～2010）元駐日米大使のイニシアチブで一連

富士ゼロックス 小林陽太郎社長

本間長世 東京大学教授（上下とも『国際文化会館の歩み』より）

のジャパン・セミナーも始めた。他方、アスペン・セミナーの原形にできるだけ近い形式と内容のセミナーを日本で開くことが課題となる。アスペン・エグゼクティブ・セミナーを体験し、その良き理解者であった椎名氏の協力によって最初のアスペン・セミナーがアイハウスと日本アイ・ビー・エム社の共催事業として日本で開催されたのは八四年である。会場は同社の研修施設「天城ホームステッド」（静岡県伊豆市）で、参加者の宿泊費も同社による社会貢献活動の一環として負担していただいた。アスペン・セミナーの原形は二週間の長丁場で、精読する文献は主としてグレート・ブックスから選ぶが、日本企業人が参加しやすくするために、AIHSがエグゼクティブ・セミナーとは別に実施していた特定テーマに絞った短期「トピカル・セミナー」をモデルとし、三泊四日に短縮した第一回「天城アスペン・セミナー」のテーマは「アメリカ：過去と現在、そして未来」で、モデレーター（セミナーの進行・指導）役は、本間長世氏（東京大学教授）とコリン・ウィリアムズ（Colin Williams）AIHS副会長が務めた。スレーター氏も出席された。

以来、天城アスペン・セミナーは、「現代社会と企業」「グローバル・コミュニティーにおける日本」「変化の時代と人間的価値観の追求」などさまざまなテーマを取り上げながら九七年まで毎年実施された。また、八六年からは、セゾングループの西洋環境開発株式会社との共催による「八ケ岳アスペン・セミナー」、そして九〇年からは、コロラド州と姉妹関係のある山形県の生涯学習人材育成機構との共催による「山形アスペン・セミナー」なども、それぞれ数年間継続実施された。さらに、七九年から八一年まで、フジサンケイグループが日本企業のリーダーに直接アスペンで「アスペン・アイデア」を体験してもらうセミナーを四年連続で開催した。

九四年からは神奈川県長洲一二知事が提唱した「湘南国際村」構想の参考にしたいという要請を受け、スレーター会長引退後の後任、デービッド・マクローフリン（David McLaughlin）会長が数度神奈川県葉山の「湘南国際村」を訪れ、ＡＩＨＳとの共催でセミナーやシンポジウムなどを実施した。マクローフリン会長は、スレーター氏引退後、ＡＲＣＯからの継続的な財政支援が期待できなくなった時代に個人寄付や民間財団などからの支援を確保することによってＡＩＨＳ事業の拡充に奔走し、そのためには「アスペン・アイデア」の原点にこだわる必要はないとして、組織の名称から"for Humanistic Studies"を削除し"Aspen Institute"に改称した。それは、伝統的なエグゼクティブ・セミナーから政策提言志向のプログラムがすでに主流になっていた実情を反映する改称ではあったが、それに反対して辞任する理事もいた。しかし、エグゼクティブ・セミナーが消滅してしまったわけではなく、相対的に組織内での存在感が小さくなっただけで、今日でも続いている。

アイハウスはスレーター氏の要請に応じてＡＩＨＳの日本事務所の役割を果たしながらさまざまな関連事業を活発に展開したが、こうした動きとは別に、七七年にアスペン・セミナーに参加してカルチャーショックを受けたという小林陽太郎氏は、できるだけアスペン・エグゼクティブ・セミナーの原形に近いセミナーを日本に定着させることを考え、ひそかに情熱を燃やしていた。

九三年、小林氏がアイハウスの理事に就任した当時、アスペン人文研究所日本協力委員会は松

今道友信　東京大学名誉教授
（『国際文化会館の歩み』より）

本先生没（八九年）後に形骸化し、実質機能を失っていた。一方、小林氏はマクローフリン会長の信任も厚くＡＩＨＳの理事に選任され、毎年八月初めに開かれる理事会には必ず出席されていたので、私は東京よりむしろアスペンで小林氏と親交を深める機会に恵まれた。日本事務所代表としてＡＩＨＳの理事会に出席するのが恒例となっていたからである。

小林氏は、まずアスペン人文研究所日本協力委員会の再活性化を強く示唆され、その結果有名無実化していた同委員会を再組織し、アスペン・セミナーに関心のある企業リーダーや有識者を加えた「アスペン研究所ジャパン・カウンシル」が九二年に発足した。猪瀬博（国立学術情報センター所長）、松山幸雄（朝日新聞論説顧問）、福原義春（資生堂社長）、行天豊雄（東京銀行会長）、鈴木治雄（昭和電工名誉会長）氏ら一五名で構成されたこの組織の目的は、協力委員会が果たした役割、すなわちＡＩＨＳが日本国内で行う事業を支援することに加え、原形に近いアスペン・セミナーを日本で持続的に実施できる仕組みを確立することであった。小林氏の真意が後者にあったのは明らかで、私もそれをよく理解していた。カウンシルは少なくとも年に一度は集まり、原形に忠実なアスペン・セミナーの内容や形態について議論を交わし、その持続的実施についても検討を重ねた。その結果、九八年に日本アスペン研究所（Aspen Institute Japan、以下ＡＩＪ）が発足したのである。

この新しい組織は、形式的にはアイハウスの特別事業として位置付けられたが、独立の理事会を構成し、理事長には小林氏が就任した。アイハウスの嘉治元郎理事長もＡＩＪ理事に就任し、私はこの自立性の高い新しい組織の常務理事を兼務することになった。他方、小林氏は、九一年以来、北海道苫小牧のホテル「ニドム」に経済界のリーダーを招き、アスペン・セミナーの本格的な準備活動ともいえる「キャンプニドム」を毎夏開催するようになった。さらに、ＡＩＪが発足するのと前後してＡＩＨＳでアドラーやハッチンスが果たした役割を今道友信・東京大学名誉教授（哲学）や本間長世・東京大学名誉教授（アメリカ思想史）らに果たしていただく目的で両氏がアスペンを訪問する機会をつくり、日本に適応できるセミナーの開発を進めるなど、ＡＩＪが独自のセミナーを展開する準備を重ねた。今道、本間両氏は、ＡＩＪによるアスペン・セミナーをアスペンの原点に忠実でありながら日本の企業リーダーのニーズにも応えられる特色あるセミナーとして構築し、モデレーターとしても欠かせない存在となった。ＡＩＪは組織としては形式的にはアイハウスの一部であり続けるが、実質的には富士ゼロックス総合教育研究所によって運営されるようになったことで、着実にセミナー開催の頻度や参加者の数も増大していった。二〇〇四年、アイハウスの理事長が嘉治先生から高垣佑《たすく》（東京三菱銀行相談役）氏に交代すると、ＡＩＪは完全にアイハウスの傘下から離れて独立した事務所で運営されるようになった。

そもそもＡＩＨＳとアイハウスの長期にわたる密接な関係は前述のような松本先生とスレーター氏の関係によるものであり、両者が協力してできる範囲内の事業しかできなかったが、小林氏の努力で、アスペン・セミナーの原形が日本に定着し、人事院や地方自治体などとの共催による人材育成セミナーにまで広がった。組織としても一般社団法人化し、富士ゼロックス一社の世界を超えさまざまな企業が財政支援をしてくれる制度も確立された。小林陽太郎氏が亡くなられた（二〇一五年）後は、北川禎介（三井住友銀行前会長）氏が理事長に就任し、同氏のもとで一八年にＡＩＪ創設二〇周年記念国際シンポジウムが盛大に開かれた。

ＡＩＪが最初は独立した組織としてではなく、アイハウスの特別事業として位置付けられて出発したのは、一つには、企業などからの支援寄付を受けるのにアイハウスの特定公益増進法人資格（現在の公益法人）の恩典を受けられたためであり、また小林氏がアイハウスとＡＩＨＳの歴史的関係を熟知し、それを尊重したからでもあった。小林氏がＡＩＪの基金として集めアイハウスが管理していた一億円の企業寄付金は、ＡＩＪ発足後、アイハウスからＡＩＪへの寄付という形で移管された。

振り返れば、私自身とＡＩＨＳの関係は、七三年にパワーズ夫妻の招待で初めてアスペンを訪れて以来長く続いた。その間、九〇年代まではアスペンで夏の一週間を過ごすのが慣例となり、さまざまな人々と出会うことができ、それがアイハウス・プログラム活動の多様化のためにも役立ったと自負している。

在日留学生グループ支援活動

八〇年代のアイハウスは松本時代の終わりが始まる時代であるが、この時代に入ると次世代人材育成を支援する活動が活発になり、アイハウスも特に在日外国人留学生グループに対する支援を組織的に展開するようになった。それは、当時の中曽根政権が二一世紀初めまでに留学生の数を一〇万人に増やす目標を掲げたことと無縁ではなかった。来日留学生の数を増やすのも大事だが、来日した留学生が直面するさまざまな問題に丁寧に対応することも重要である。アイハウスが留学生グループと接触し、支援活動を始めるようになった直接の契機は、八二年、東京大学大学院博士課程に在学していたアメリカ人留学生グレン・フクシマさんから支援を求められたことである。当時、彼は日本の大学で博士論文に取り組んでいる欧米の留学生が定期的に集まって切《せっ》磋《さ》琢《たく》磨《ま》する自主的な研究会を実施していた。博士論文（Ph.D. 論文）執筆中の若手研究者たちが参加するこの研究会は、「Ph.D. 研究会」という名称で、東京大学の施設を利用して夜間に開かれていたが、議論が弾んで消灯時間の午後九時を超えることも多いので困っていた。午後一〇時まではは施設が使用できるアイハウスのセミナー室を使用させてほしい、というのがフクシマさんからの要請であった。アイハウスはフクシマさんの要請に応じ、無償でセミナー室の利用を認めた。以来、Ph.D. 研究会は、アイハウスを会場にして定期的に開かれるようになった。アイハウスの支援は、会場の提供にとどまらず、フクシマさんが日本を去った後も、研究会が継続できるよう事務局の役割も引き受け、また年次シンポジウム開催に必要な資金を確保する協力もした。

Ph.D. 研究会支援活動が深まると、会館図書室を利用する若手外国人日本研究者が増えた。そもそも、フクシマさんが Ph.D. 研究会の運営についての相談をアイハウスに持ち込んだのは、七〇年代後半にジャパン・ソサエティーとアイハウスの共同事業として米国のビジネススクールの学生を対象に実施した「日本企業研修インターンシップ」によって来日した際にアイハウスの機

趙全勝氏と小川平四郎 初代駐中国大使（1986年、『国際文化会館の歩み』より）

能や企画部スタッフをよく知るようになっていたからであった。今では日本で知名度の高いフクシマさんは、ハーバード大学でＭＢＡとPh.D.を取得した後、米国通商代表部アジア部長、日本ＡＴ＆Ｔ副社長、エアバス日本支社長などを歴任し、現在は米国に戻って民主党系のシンクタンクで要職に就いている。

Ph.D.研究会をモデルにして八六年に発足した「中国社会科学研究会」もアイハウスと密接な関係がある留学生の自主組織である。発端は当時、北京大学から東京大学へ留学していた趙全勝さんと私が八五年のPh.D.研究会の新年会パーティーで出会ったことであった。趙さんがなぜこの会に出席していたのかは覚えていないが、彼が英語を話していたので、私の方から積極的に近づいて話しかけた。私が大学で学んだ第二外国語は中国語であった。それは使いものにならなかったが、中国に対する関心は持ち続けていた。趙さんと英語で意思疎通ができるのが楽しく二人の会話は弾み、趙さんはPh.D.研究会の中国版を立上げたいので協力していただけないだろうかという話を持ち出した。私に異存はなく、むしろ積極的に支援するから途中で投げ出さず持続性のある組織にすることだけを条件にして、中国人留学生（主として社会・人文科学分野の大学院生が対象）の自主組織「中国社会科学研究会」（以下「社科会」）が発足した。社科会の目的や事業内容は、趙さんを中心にした発起人会でまとめられた提案が、一〇〇名ほど集まった設立総会で原案通り採択された。設立発起人会で承認された代表委員会は、李廷江（東京大学博士課程）、杜進（一橋大学博士課程）、劉岸偉（東京大学博士課程）、区建英（東京大学博士課程）、聶莉莉（東京大学博士課程）氏らで構成され、発足時の運営上の問題は、すべてこのグループが少なくとも最初の二年間は責任をもって対応することを申し合わせて順調な滑り出しをみせた。

しかし、Ph.D. 研究会とは違い、「社科会」の場合は規模が大きく、留学生の生活も国費留学生として比較的ゆとりのある留学生からアルバイトで生活している苦学生などまで多種多様で、研究会の案内状発送先リストを作成するだけでも大作業で、また郵便料金は誰が負担するのかという問題もあった。会場はアイハウスが無償提供するにしても、基本的な運営経費をどうするかという問題もあった。私は武見敬三氏（東海大学教授、現・参議院議員）に相談した。武見氏自身が中国研究者で中国人留学生に関心が深く、また若手実業家に広い人脈を持っていたからである。

武見氏は敏速に動いてくれた。自営業をしている青年実業家二十数名に声をかけ、「社科会」を支援するための組織「和中協会」を組織してくれたのである。会員は年会費一〇万円を納め、「社科会」の活動を財政的に支援する仕組みである。和中協会の名称は、中国と仲良くするという意味を込めて松本先生が武見氏の依頼で考えたものであった。和中協会の会長は黒川光博氏（虎屋社長）が引き受けてくれ、新しい会員を増やす努力もしていただいた。

その結果、最盛時の和中協会は三〇名近い会員を擁し、「社科会」を財政的に支えてくれた。「和中協会」に加え、中国とゆかりの深い人々や中国研究者たちも「社科会」の活動を支援してくれた。戦後の初代駐中国大使小川平四郎・嘉子夫妻、隅谷三喜男（東京大学名誉教授）、近衛通隆（霞山会代表）、武田清子（国際基督教大学教授）、山口一郎（孫文記念館館長）、国分良成（慶応大学教授）氏らである。「社科会」の活動は、予想以上の速さで広がり、月例研究会に加え、年次シンポジウムの開催、年報『東瀛求索《とうえいきゅうさく》』（東方から学ぶの意）の刊行なども始めるようになり、さらに八八年には関西支部も発足し、その事務局は「京都イングリッシュセンター」を主宰されていた仲尾宏（朝鮮通信使の研究者）さんが引き受けてくれ、定例研究会はホテル本能寺会館の会議室を使用して行われた。「社科会」の年次シンポジウム開催に関わる費用は、富士ゼロックス小林節太郎記念基金、三和国際基金、東華教育文化交流財団、大同生命国際文化基金などさまざまな財団からの助成金や個人寄付で賄われた。

「社科会」の活動が頂点に達したのは八〇年代後半であった。この頃までに会員数は、関西支部を含めると五〇〇名を超えるまでに膨らみ、日中国交正常化二〇周年（九二年）には、上海社会科学学会聯合会と共催で記念シンポジウムを開催するまでになった。このシンポジウムには黒川光博、武見敬三、国分良成氏らに加え、隅谷三喜男、田中明彦、川勝平太氏らも出席された。こうした活動の背後で、「社科会」の実質的事務局の役割を担ったのは、企画部スタッフの石塚春菜さんや長岡智子さんたちであった。彼女らは、エスカレートする「社科会」のさまざまな仕事に黙々と、誠実に対応してくれた。「社科会」について最も印象に残るのは、八九年に「天安門事件」が発生した時のことである。「社科会」のリーダーたちは、故国での学生による民主化運動が武力弾圧されているのを座視できず、特別抗議集会をアイハウスで開く企画を持ち込んできた。私はどう対処すべきかに苦慮したが、「社科会」の本来の目的は学術交流であり政治活動の場ではないことを説き、政治的行動を起こすのであれば国際文化会館外で行うよう「社科会」幹部たちに伝えた。つらい決断であったが、正しい判断だったと今でも信じている。「社科会」としてではなく、中国人留学生個々人の意思として、天安門事件に抗議する集会の会場となったのは、渋谷に近い東京山手教会だったかと記憶している。

「社科会」は、中国人留学生を超えた波及効果をもたらした。アイハウスの支援で「社科会」が運営されているのを知った韓国人留学生グループも同様な研究会を発足させたいので協力してほしいという要望が、九〇年代初頭に持ち込まれたのである。その要望にも応じ、「韓国留学生日本研究フォーラム」がアイハウスを会場にして、定期的に開かれるようになり数年間続いたが、少人数の研究会にとどまり、それ以上の存在に発展することはなかった。一つには、その頃アイハウスの財政問題の深刻化が進み、新しい研究グループの支援活動を推進する余裕などなくなってしまっていたからである。

個人重視のイン・キーパー

以上、思いつくままにアイハウスがファシリテーターとして機能した例を振り返ったが、もちろん、これら以外にも言及すべきケースがあると思われるが、私にとって特に印象深い例を抜き出したにすぎない。そもそも、ファシリテーター機能をイニシエーターあるいはカタリスト（触媒）機能と切り離して論ずるのは困難である。両者は緊密な相互関係にあり、イニシエーターと見るかファシリテーターと見るか、あるいはカタリストと見るかなどは視角によって異なる実像が現れる。松本先生は自らをよく「イン・キーパー（宿屋の亭主）」と呼んでいたが、それは宿に泊まる人々の仲を取り持ちながら文化や信条、価値観を異にする人々が、互いに相手を尊重し、新しい人間関係が創出されることを目指していたからである。その意味ではまさにファシリテーターであったわけだが、誰を誰に引き合わせるか、そしてその新しい人間関係から何が発生するのを期待するのかなどは決して受動的な役割ではなく、想像力や創造力が求められる役割である、と私自身も信じている。松本先生が好んで口にした「文化交流は人に始まり、人に終わる」という言葉の真意はそこにこそ見いだすことができるのではなかろうか。

松本先生は、個人の出会いを重視し、創造性の強化につながるような出会いの場をつくることがアイハウスの使命であると確信していた。草創期の「知的交流計画」などの人物交流事業においても、大勢の人々を対象にした講演会などよりは少人数の懇談会を優先し、親密な人間関係が生まれやすい環境を設定することに腐心している。つまり、松本流の文化交流は、異なる文化の体現者であるような個人と個人をつなぎ、相互の理解と信頼感が醸成しやすくなるような接点と状況をまずつくり、そしてそのような点と状況が徐々に面へと広がっていくのを期待したのである。六〇～七〇年代、すなわち松本先生がアイハウスの陣頭指揮者として最も華やかに活躍した時代の年次報告書を見ると、「随時に行う懇談会」や「個人に対する援助」がプログラム活動の重要カテゴリーとして位置付けられているが、それはまさしく松本先生が面より点を優先して考えていたことを物語っている。

その松本先生から直接指示を受けながら仕事をしていた私が、先生のそのような文化交流に対する信念の影響を受けたのは当然であった。加えて、東京大学の現役教授時代から専務理事として松本先生を助けていた前田陽一先生も、アイハウスの果たすべき第一義的ミッションに関しては松本先生と同じ考え方をしていたので、私もおのずと個人重視路線にのめり込んでいった。前田先生は、新渡戸門下の筆頭格であった前田多門（戦後初代文部大臣）氏の長男で、自らも新渡戸崇拝者で新渡戸思想の今日性について語り、アイハウスがそれを継いでいくことの重要性をことあるごとに説いた。こまごました指示は一切せず、責任は私（前田）がとるから、好きなようにやりなさいという器量の大きな上司に私は恵まれた。

当時のアイハウスホテル部門は組織も運営も開放的で、「個人に対する援助」がしやすい環境だった。個人情報の保護が厳しい今日では考えられないが、当時は宿泊者の基本情報（氏名、滞在期間、専門分野、会員か非会員か、非会員の場合は紹介者名など）が記載された一覧表が毎日配布されていたので、私も毎朝このリストに目を通すことから仕事を始めるのが常であった。しかも宿泊室への出入りは今日のようなカードではなく、大きなプラスチック製の柄がついた鍵で、外出するときにはそれをフロントデスクの背後に設置されているピジョン・ボックス（郵便物やメッセージ、メモを個別に受け取るための小箱）に入れるので、宿泊者の在、不在は一目瞭然である。インターネットが普及するはるか以前のことであり、セキュリティーが厳しい現代からすれば、考えられないようなおおらかな時代であった。

作家ソール・ベロー氏（『国際文化会館55年史』〈英文〉より）

松本流のテ・タ・テの対話や小規模対話重視を最もよく示しているのは、人物交流事業の具体的な展開におけるプログラムの内容である。例えば神学者パウル・ティリッヒ博士の訪日スケジュールは、少人数グループとの集中的なディスカッションが中心で、大きな講演会は一回も開かれていない。ティリッヒ博士の希望で仏教学者や浄土真宗高僧らとの対話の場も設定しているが、いずれも小人数に限っている。松本先生が書き残している記録を見ると、浄土真宗高僧や哲学者西谷啓治氏らとの対話は、人間の魂の救済をめぐって議論が白熱し、場所を京都から軽井沢の高木先生の別荘に移して続けられ、ようやく両者がそれぞれ納得し合うまで徹底的に議論が行われたことが分かる。ティリッヒ博士の晩年の著作『基督教とその他の世界的宗教』（Christianity and the Encounter of the World Religions, Columbia University Press, 1966）はこのような密度の濃い仏教徒との対話を下敷きにして宗教的寛容性の大切さを論じたもので、知的交流委員会の委員長高木八尺先生に捧げられている。

　アメリカの作家ソール・ベロー（Saul Bellow, 1915~2005）氏を招聘したとき（七二年）のプログラムは、アメリカ文学研究者たちの要望を取り入れて作成され、ここでも個人または小人数グループとの対話を重視する基本方針が徹底された。大橋健三郎（東京大学教授）、佐伯彰一（東京大学教授）、渋谷雄三郎（明治大学教授）氏らを中心にしたアメリカ文学研究者十数名のグループが三日間連続の対話を行っており、また密度の濃い一対一の対話は大江健三郎、大岡昇平、江藤淳氏らとの間で繰り広げられた。いずれの対話でも通訳を務めたのは、三島由紀夫、安部公房、大江健三郎氏らの作品の優れた英訳者として有名になる前のジョン・ネースン（John Nathan）氏であった。ベロー氏は気難しい性格で、ホストとして世話をする側は大変だったが、ネースン氏が上手に対応し、六本木の焼き鳥店を案内するなど、ベロー氏の接遇に腐心してくださった。ベロー氏の場合は、アイハウスでの講演のほかに東京大学文学部からの強い要請により、同学部の大教室で講演会が行われたが、これは「知的交流計画」の中では例外的であった。同氏は生来講演嫌いで、日本に来る前から不特定多数の聴衆を対象にした講演会はできればやりたくない、という意向を日本側の知的交流委員会にあらかじめ伝えていた。しかし、少なくとも二つの講演用原稿を準備していた。

東京大学文学部での講演が行われたのは、六月の蒸し暑い日の午後であった。大教室は立錐の余地もなく聴衆が集まっていた。ベロー氏は、見るからに気乗りしない様子で、原稿を手にして壇上に立った。冒頭から持論を繰り返し、ベロー文学を理解したいのであれば作品を読むのが最善の方法で、私の講演を聴くことではない。こう切り出した後、講演は苦手なので、それ以外のことであればこの壇上で何でもする、踊ったり、歌を歌ってもいいし、逆立ちをご覧に入れてもいいなどと冗談めかしく話してから本論に入った。

本論に入ってからもベロー氏は見るからに不機嫌で、原稿を早読みし、意図的に飛ばしたページもあった。後日、私はベロー氏の京都旅行に同行することになり、彼の希望で旅館「俵屋」に宿泊した。風呂に入り浴衣に着替えて上機嫌な彼に、私は恐る恐る聞いてみた。「東京大学での講演で、逆立ちができると言われたが、本当にできるのですか」と。するとベロー氏は黙って立ち上がり、見事な逆立ちを見せてくれた。頭を支えに文字通り逆さに立ち、三〇秒間ぐらいそのままの姿勢を保つという離れ業を披露してくれた。畳の上に半分ずれ落ちた浴衣から二本の脚がにょきっと突き出た滑稽な姿は今も目に残る珍風景である。

俵屋といえば京都でも指折りの名宿で宿泊料金も高いことでも知られるが、私はベロー氏を案内した以外、もう一度俵屋に宿泊する機会があった。七八年、ニューヨーク・タイムズ紙のジェームス・レストン（James Reston, 1909~95）夫妻が吉田茂記念事業財団の招聘で来日した際、夫妻の関西旅行に同伴することを松本先生から指示された。レストン氏と親交が深く、同財団の役員でもあった先生が、夫妻の訪日プログラムの作成に助言していたのである。京都では日本旅館を体験したいというレストン夫妻の希望をかなえることになり、私が夫妻に同行することになった。俵屋は、評判に違わぬ名旅館であったが、レストン氏にとっては絶対欠かせないものを備えてなかった。短波放送が受信できる高性能のラジオである。ジャーナリストとして、世界中どこを飛び回っていても必ず短波放送で世界の動きをフォローしているレストン氏にとってはなくてはならない必需品である。松本先生に連絡すると、一、二時間後に松下電器産業（現・パナソニック）の技術者が駆けつけて、大型高性能のラジオをレストン氏の部屋に設置し、特別なアンテナも張りめぐらしてくれた。

ベロー氏に話を戻そう。三週間日本に滞在した彼の接遇は、私のアイハウスのキャリアの中で最も気を遣ったケースの一つであったが、幸いベロー氏と不思議なほど気の合うネースン氏が通訳者の役割を超えてベロー氏の世話をしてくれたので大いに助かった。ネースン氏の自叙伝『Living Carelessly in Tokyo and Elsewhere』（『ニッポン放浪記――ジョン・ネースン回想録』前沢浩子訳、岩波書店、二〇一七年）が出版されているが、ベロー氏についての言及は何もない。ベロー氏は日本人作家にはあまり興味がなく、わずかに関心を示したのは谷崎潤一郎氏の作品だけであった。帰国する際に羽田空港で別れの握手をしたが、そのとき何気なくベロー氏が胸の内ポケットからペンを取り出して「君への感謝のしるしだ」と言って手渡された。黒いモンブランの万年筆だった。ベロー氏がノーベル文学賞を受賞したのはそれから四年後の七六年である。スピーチは性に合わないと言っていたベロー氏だが、彼のノーベル賞受賞スピーチは七〇分にも及んだことが報じられている。ベロー氏は八九年の生涯で五回結婚し、四番目の子どもが生まれたのは八四歳の時であった。前田陽一先生がシカゴで入江昭夫妻（満子夫人は先生の長女）を訪ねたときに、ベロー氏の子どもと氏より二〇歳も年下の入江夫妻の娘が同じ幼稚園に通っていることを娘夫婦から聞いた、とよく笑いながら話していたのが耳に残る。

日本の友人をつくる

松本先生が個人と個人の直接対話を基本にした文化交流を最重要視していたことをめぐるエピ

ジョージ・ケナン博士
（『国際文化会館55年史』〈英文〉より）

ソードは数々あるが、文化や国籍を異にする個人の対話が深まることから何が生まれると先生は期待していたのだろうか。それは、突き詰めれば「日本の友人をつくる」ことであったと言える。テ・タ・テの対話から発展するのを望んだのは、異文化間の普遍的な相互理解や信頼感より、むしろ第一義的には日本にとって真の友人となる人々が一人でも多く出てくることであったように思われる。それは松本先生自身が認めていたことであり、先生は広い意味での日本のためという意識を持ち続けた。明治時代に生まれた日本人として極めて自然な感情でもあったのだろう。先生は天皇に言及されるときには必ず「天皇さま」という表現を使っていたが、これはアイハウス創設時から先生と親交があった同志社大学のオーティス・ケーリ（Otis Cary, 1921～2006）教授がいつも「天皇さん」と呼んでいたのとは好対照である。

松本先生は、文化交流の意義や方法に関しては、民間中心論者としての姿勢を一貫して保持したが、その究極目的については、いつも日本の本当の友人をつくることにあると考えていた。それはどの国の文化政策にも共通することであり、当然でもあろう。松本先生がその信条を「文化交流の所感について」（『學士會会報』、七五年四月、七二九号）の中で、「知的交流計画」で六二年に来日したジョージ・ケナン（George Kennan, 1904～2005）氏が日本を去るときに、「これからは、日米関係を常に念頭に置き、日本のために、私の最善を尽くしましょうと固い握手をしながら誓ってくれた」ときの喜びを誇らしく語っている。それは冒頭で触れたロシア研究者フィリップ・モズレー博士が松本先生に語った心情に逆の意味で通ずるものがある。アメリカ最高のソ連研究者と目された彼は、「自分は生涯をかけてソヴィエト研究をしてきたが、いまだにソヴィエトが好きになれないし、心の許せるロシアの真の友人は一人もいない、日本研究者になればよかった」と先生に胸中を明かしている（「松本重治先生に聞く」東京大学アメリカ研究資料センター「オーラル・ヒストリー・シリーズ」、Vol. 9, p. 60）。

このように、ある国の歴史や文化を知的に理解すればその国が好きになり心が通じ合う親友ができるとは限らないが、松本先生がイン・キーパーを自称しながら目指していたのは、知的に日本を理解することに加え、日本の真の友人になる人脈づくりだったのである。したがって、人物交流事業についても短期的な成果などは、期待しなかった。招聘した人々のうち三割ぐらいが日本の友人として何らかの成果を上げてくれれば成功と考えていいのだ、野球では打者が三割の打率を残せば大打者だ……先生がよく口にされた比喩である。

グローバリゼーションが進みSNSで数億の見知らぬ人々が瞬時に情報を共有できる今日の世界とは異なり、人間の顔や姿が見え、心も分かる人間関係の形成、そしてそれがそれぞれの国のためにもなるような人間関係をまずエリート層の中に地道に構築していくことを目指したのが松本流の人物交流であり、顔の見えない一般大衆を結び付けることではなかった。松本流の人物交流の必要性とその重要性は、グローバリゼーションがIT技術の進歩により、とどまることなく加速しつつある現代においても基本的には不変ではなかろうか。いや、そのような時代だからこそ、松本流のエリート指導者層の個人的信頼関係の構築の必要性と重要性が一層大きいのではなかろうか。

ポスト松本時代のアイハウスの使命は、新しい時代のニーズに対応する新しいプログラムを開発していくことと ともに、松本流の人物交流の原点を再発見し、それを新しい形で継承していくことでもあろう、と私は思う。松本先生や高木先生たちが蒔いた種は、個人関係だけでなく個人が属する組織や団体にも広がり繁茂していった。しかし、個々の人間が創造的に結び付いた人間関係は、やがて彼らの寿命と共に絶え失せ、それが組織の記憶として継承される期間は極めて短いのが世の常である。松本先生とロックフェラー三世（ＪＤＲ）の場合のように次世代にまで継承されているのは、むしろ例外中の例外であろう。

他方、組織の中にしっかり根を下ろした種は、多くの場合個人の限られた生命期限を超えて成長し続ける場合もある。しかし、組織においてもリーダーの資質や社会的ニーズの変化などによって、過去の記憶は薄れ、やがて忘れられてしまうのもこれまた世の習いである。歴史とはそうした新陳代謝の繰り返しなのかもしれない。それでも私は、松本先生たちが蒔いた種の痕跡を探し、特に彼らが開拓した内外の組織や団体との関係を維持し、時にはそれを拡大し深化させることを試みた。そのプロセスは、相手側に過去への関心をもつ個人が存在するときには、お互いの先人たちについて未知の部分の発見へとつながることもあり、それが新たな刺激となり、組織間関係の再活性化につながった。その代表的例としてすぐに心に浮かぶのは、アメリカのアジア・ソサエティーとインドのインディア・インターナショナル・センター（India International Centre）であるが、ここではＩＩＣとの関係を振り返ってみたい。

インドとの交流

インディア・インターナショナル・センター（以下ＩＩＣ）は、アイハウスをモデルにしてつくられた組織であり、その施設の定礎式（六〇年）で鍬入れをされたのは、訪印中の明仁皇太子（現・上皇）であった。そのことについては、『国際文化会館の歩み』で言及されているが、そもそもの始まりはＪＤＲであった。日本でのアイハウス設立に成功して自信を深めたＪＤＲは、インドネシア、フィリピン、インドなどにも同じような国際理解促進を目的にした組織を立ち上げることを考えた。五七年、ＪＤＲがインドを訪問して、ラダクリシュナン（Sarvepalli Radhakrishnan, 1888～1975）副大統領に面会した際に、アイハウスをモデルにした施設をつくるならばロックフェラー財団が財政支援をする用意があることを伝えた。ネルー首相を含むインドの識者たちはＪＤＲが持ち込んだ話に強い関心を示す。五七年

ネルー首相、国際文化会館を訪問（1957年、『国際文化会館の歩み』より）

IICの初代理事長C・デシュムク博士（『国際文化会館55年史』〈英文〉より）

一〇月に国賓として来日したネルー首相はアイハウスを訪問していたからだ。同首相は高木・松本両先生の案内で、施設をくまなく見て回り、歓迎午餐会では「インドの心」について語っている（『インドの心』国際文化会館、一九五九年）。

五七年一〇月一三日のネルー首相のこのアイハウス訪問が、アイハウスとＩＩＣとの歴史的関係の原点である。ネルー首相は帰国するとすぐにニューデリーの閑静な一等地ロディ・ガーデン内にほぼ五エーカーの土地を自ら選んでＩＩＣ建設用地を確保するほどの熱意を示してＪＤＲ提案の実現に動いている。その後はラダクリシュナン副大統領がフォローアップして、組織づくりや人選、建築家の選定などが着々と進められた。他方、ＪＤＲのフィリピンへの関心は、ラモン・マグサイサイ賞財団の設立として結実しているが、インドネシアの場合には、政情不安の時期でもあり、ローカルリーダーの関心が高まることはなく、ＪＤＲの構想は実現しなかった。

ＩＩＣの初代理事長に就任したＣ・デシュムク博士（C. Deshmukh, 1896～1982、前大蔵大臣で当時は大学助成委員会の委員長）は、アイハウスの「特別人物交流」事業の招聘に応じ、ドルガバイ夫人（ガンジーに従いインド独立運動で活躍し、インド憲法制定会議のマドラス州代表に選ばれた）を伴って来日し、ほぼ三週間アイハウスに滞在しながら、運営の実態をつぶさに観察している。ロックフェラー財団の助成から乳離れできずにいた当時のアイハウスの財政運営が好ましくない状態であることを鋭く見抜いたデシュムク博士は、ＩＩＣがその轍《てつ》を踏まないようにする手立てを講じている。

ＩＩＣの財政自立を将来にわたって担保する手段の一つとして最初から導入したのが、インド全国の主要大学三十数校を選び、それぞれにかなり高額の年会費を支払ってもらう大学法人会員制度である。アイハウスの法人会員制度は主として企業を対象にしているため、経済が不調になると脱会企業が増えて会費収入が減少するという状況に直面することになるが、金融財政に精通したデシュムク博士が構築した大学や学術研究機関などを対象にしたＩＩＣの法人会員制度は、経済の好不調に大きく左右されないで済むようだ。また施設の規模もスケールメリットを配慮し、宿泊室の数はアイハウスよりはるかに多く、稼働率も高い。デシュムク理事長は、草創期のアイハウスから多くの教訓を学びとり、それをＩＩＣの基本構想設計に生かしたのであった。デシュムク夫妻が来日したのは、私が企画部に配属されて間もない頃であり、夫妻は私が上司の指示のもとでお世話をした最初のＶＩＰであった。ＩＩＣの正面玄関前の広場にはデシュムク博士の胸像があるが、それが誰であるかを知る人は今ではインドでも少なくなってしまった。

七〇年代までＩＩＣの歴代所長や理事長は、松本先生を直接知っていた人たちだったため、アイハウスとＩＩＣが協力してプログラムを展開するのは容易で、しかも両者間には相手に対する強い関心があったので、日印間の知識人の往来も頻繁だった。しかし、アイハウスとＩＩＣとの間のこうした密接な関係も、松本先生が亡くなり、インド側でもデシュムク博士や創成期に所長を務めたキルパル（P. N. Kirpal）、マズムダル（D. I. Mazumdar）、タパール（Romesh Thapar）氏

初代企画部長の大形孝平氏（『国際文化会館55年史』〈英文〉より）

ら、そして創設者五人委員会の委員の一人でＩＩＣに常住していたチャドパデヤイ（Kamaladevi Chattopadhyay, 1903〜88）女史らが去り、さらに六〇年代の日印交流に最も熱心だったマハラノビス博士（Prasanta C. Mahalanobis, 1893〜1972、インド統計研究所長）が亡くなると、アイハウスとＩＩＣの緊密な関係も歴史の中に埋もれて精彩を失っていった。

松本先生がいなくなった後も日印関係を大事に考えていたアイハウス関係者はもちろん存在した。その一人は初代企画部長として日印関係を重視した大形孝平さんである。大形さんは、アイハウスを退職された後も、「日印調査委員会」の運営を担い、定期的に現代インドの政治・経済の動向についての報告書を刊行していた。もう一人は、当時日本経済研究センターの理事長であった大来佐武郎氏である。大来氏は「日印経済合同委員会」の日本側の中心メンバーでもあったことから、インドの政財界に知人が多く、その人脈により八六年に「インドと日本」をテーマにした有識者会議をＩＩＣで開催した。この会議で大来氏と共に共同座長を務めたのは、後にインド首相となるマンモハン・シン（Manmohan Singh）氏であった。この時のプロシーディング（会議論文をまとめた冊子）は、『India and Japan』としてＩＩＣから刊行されている。八五年にラジブ・ガンジー首相が来日し、中曽根康弘首相との間で日印文化交流協定の合意が成立したことは、アイハウスとＩＩＣの交流を復活させせる後押しにもなった。

九〇年代後半、私がアイハウスとＩＩＣとの姉妹関係の復活を真剣に考え始めたのは、インド独立五〇周年（九七年）という時代背景の中においてであった。五〇周年が近づくと、東京外国語大学アジア・アフリカ研究所の内藤雅雄教授ら日本のインド研究者たちから日印学術交流を振り返り将来を展望する国際会議を開催したいという要望が寄せられるようになった。彼らの中には、六〇年代に大形氏が組織した「インディア・スタディー・グループ」につながる研究者も少なくなかった。アイハウスは日印学術交流会議を支援し、事務局を引き受けるなど全面的に協力しながら、ＩＩＣとの関係の再活性化のための動きを始めた。まず、ＩＩＣのヴォーラ（N. N. Vohra）所長を日本へ招聘して、ＩＩＣの現状と組織間関係の復活への関心の有無などについて意見交換をする機会をつくった。ヴォーラ氏は、ＩＩＣの第八代に当たる所長であるが、ＩＨＪ（アイハウス）―ＩＩＣの歴史的関係については熟知していて、その再活性化について所長就任（九五年）以来念頭にあったということで、双方の先人たちが培った歴史的関係を蘇生させることに意欲を示した。

ＩＩＣ側の意向が確認されたので、まず年間一～二名程度の人物交流を始めることが同意された。こうしてＩＨＪ―ＩＩＣの交流関係が復活し、まず九八年に日本の社会人類学者中根千枝東京大学名誉教授が訪印し、ＩＩＣで「インドと中国：社会人類学者の観点から」をテーマにした講演を行い、翌九九年にインド古典芸能史研究で知られるカピラ・ヴァツヤヤン（Kapila Vatsyayan）博士が来日してアイハウスで「インド古典舞踊の哲学的表現」について講演をした。ヴァツヤヤン博士は、インディラ・ガンジー記念アート・センターやＩＩＣの要職を兼務されていた。二〇〇〇年になると、嘉治理事長もＩＩＣを訪問し、「日本における高等教育の発展」について講演をしている。

こうした動きに連動するかのように、在日インド人会員のアソク・サーカー（Asok Sircar）さんがアイハウスとＩＩＣが共同事業として行う人物交流のために一〇〇〇万円を寄付する用意があるということを私に打ち明けてくれた。腰痛で入院中のサーカーさんを見舞いに行った時のことである。正直に言って私には信じがたい申し出であった。というのは、サーカーさんは五〇年代に留学生として来日して以来、日本に定住し、上智大学や学習院大学などさまざまな大学を渡り歩き、行く先々で必ず何らかのトラブルを起こしていた。しかし、退職後も日本にとどまり、質素な生活をしていることを私は熟知していた。アイハウスが草創期に外国人日本研究者のために定期的に行っていた「ジャパニーズ・スタディーズ・セミナー」の常連で、五八年以来の古い会員でもあり、高齢になってもアイハウスの講演会には頻繁に出席していた。講演を聴いた後には、コーヒーショップで、独りで食事をしていることが多く、私が声をかけるのを待っているような場合も少なくなかった。理屈っぽく短気な性格のためか大学や借家の家主などと対立し、訴訟事件に発展することも一度ならずあった。現に日印交流のために一〇〇〇万円の寄付をする意思を私に伝えたときも家主から立ち退きを求められ、係争中であった。

サーカーさんの質素な生活をよく知っていた私には、彼が一〇〇〇万円もの蓄えがあるとは信じがたかった。晩年は、中野区の老人ホームに住んでいたが、そこは無期限に滞在することができず、別の施設を探して移らなければならなくなり、ついに故国インドのコルカタ（旧カルカッタ）に帰る決断をしたことも打ち明けてくれた。一〇〇〇万円の寄付金の半額はＩＩＣに送金してほしいという希望も伝えられた。サーカーさんは天涯孤独の身で、出身地のコルカタに戻っても遠い縁者がいるだけで、何処に住むかも戻ってからでないと分からないとのことだった。ニューデリーでは数日間ＩＩＣに宿泊したいので、手配してほしいとのことで、ＩＩＣに事情を詳しく説明して宿泊室を確保した。サーカーさんが帰国される数日前にお別れのあいさつに老人ホームを訪ねたが、久しぶりに会った彼は歩行も困難な状態だった。しかし、ホームの介護士たちはみな親切で、自分たちが責任をもってニューデリー行きの航空機に搭乗できるよう世話をするから心配無用とのことで、少し安心した。

その後無事ＩＩＣに到着し、数日間滞在したところまでは音信があったが、コルカタからはそれ以来何の連絡もなくなってしまった。サーカーさんから日印交流のためにと一〇〇〇万円を寄付する話があってから実際に寄付を受領するまでには、ほぼ二年かかった。サーカーさんがケアホームに移られたこともあり、催促するわけにもいかなかった。しかし、誠実な彼は約束を反故にすることはなかった。寄付の金額や使途目的を明確に示した文書を作成して届けてくれた。この文書には、ＩＨＪ―ＩＩＣによる日印知識人交流事業で訪日するインド人は東京だけでなく京都でも講演をすること、そして訪印する日本人はニューデリーに加えコルカタでも講演することなどが記されていた。半世紀以上も訪れることがなかった故郷に寄せるサーカーさんの深い思いの一端がうかがえる。

サーカーさんの寄付意思が文書化されて寄付金を受領した後でその総額の半分をＩＩＣに送金

するのにさらに一年近くかかった。当時のインドでは外国から送金を受け取るには中央銀行の許可が必要で、IICがその手続きを完了してようやく送金できたのは、サーカーさんが日本を去った数年後のことであった。

サーカーさんの寄付がアイハウスとIICの双方にとって大きな刺激となり、それによって両者間の歴史的関係を再構築する人物交流プログラムが徐々に展開されるようになった。二〇〇四年、第三三回ウィリアムズバーグ会議がニューデリーで行われた際に同会議日本委員会の事務局長として私も出席したが、会議終了後にIICの特別ゲストとして招待され、久しぶりでIICに滞在する機会を得た。ヴォーラ所長は一年前にジャンムー・カシミール州知事に任命されてIICを離れていたが、後任のセン（P. C. Sen）所長が温かく迎えてくれ、私のためにガーデン・パーティーを催してくれ感激した。草創期からIICでライブラリアンをしていたラマチャンドラン（N. M. Ramachandran）氏が健在で、IHJ―IICの関係についてヒアリングをしたいという要請があり、ほぼ三時間に及ぶ聞き取りに応じた。ラマチャンドラン氏からはIICの運営状況についての最新情報は得ることができたが、サーカーさんのその後の消息については何も分からなかった。

IICが財政的に自立基盤がしっかりしていて、その自主運営を可能ならしめている最大の要因は低賃金で良質の労働供給源が豊富に存在することだという。自己資金で最近増設した別館にも案内していただいた。プログラムも活発で、レクチャー・ホールの稼働率も非常に高いようだ。会員数は三〇〇〇名近くまで膨らんでいる。アイハウスの会員制度と違うのは、会員が親族の入会の推薦人にはなれない定めがあることだ。アイハウスと比べて見劣りするのは図書室の環境とサービスだけだ。アイハウスと連携しているワシントンDCのコスモスクラブの図書室も静かで落ち着けるところだが、レファレンスサービス（情報検索・提供業務）はない。アイハウスの図書室の環境とサービスはいずれと比べても抜群であることを改めて実感した。

ＩＩＣはアイハウスと同根から派生した組織といえるが、基本的に異なる面もある。最も重要な違いは、組織の意思決定機関である。アイハウスの場合は理事会と評議員会が意思決定機関だが、ＩＩＣの場合は年に一回開催される会員総会である。年次予算、人事案件などすべて最終決定は会員総会で行われる制度で運営されている。したがって、日本式に言うならば財団法人ではなく社団法人である。会員総会に全会員が出席することはないが、すべての会員は事前に郵送されてくる書式によって議題の各案件について意思表示ができる。興味深いのは、役員人事が議題に含まれている場合には、自薦他薦を含む候補者の履歴や意見を記した文書も事前に配布され、誰を支持するかを投票できることだ。インドの民主主義制度が、ＩＩＣの運営にも明白に反映されているといえよう。

インドから戻るとすぐに、嘉治理事長にＩＩＣの現状とアイハウスとの姉妹関係の復活に意欲的であることを報告した。理事長の反応は、いつもそうであるように特に強い関心を示すでもなく、また反対したり無視したりするわけでもなかった。「すべてお任せしますから、よろしく」というのが、嘉治理事長の基本的な姿勢であったので、私は積極的に動くことを決断した。

真っ先に行ったのは、アイハウスとＩＩＣの会員がそれぞれの施設を相互利用できる制度を再確認し、その情報を会員に提供することであった。それによってアイハウスを利用するインド人が増え、またIICに宿泊する日本人が増えたとは思わないが、時の流れとともに双方の会員構成が変化していくので、IHJ―IICの古くからの姉妹関係を知らない会員に相互施設利用制度を広く知っていただき、活用できる情報を改めて発信したこと自体はそれなりの意味があったと思っている。

さまざまな寄付

アイハウスのプログラム事業の財源は、基本的には会費収入と各種財団助成金や企業寄付などによって賄われてきたが、サーカーさんのような個人寄付に依存する割合も決して少なくはなかった。しかし、個人寄付の口約束は、往々にして反故になってしまうことの方が多かった。後述する坂西志保さんの寄付やサーカーさんの場合のように文書による意思表示（坂西さんの場合は遺言状）があって実行されたケースはむしろ例外だった。私の記憶に残るだけでも反故になった寄付の約束の数は少なくとも十指に余る。口約束はいつしか時の経過や個人の都合などで守られない結果に終わることが多かった。永井道雄理事長時代の九〇年代には、永井氏と親しいある会員が当時の評価額で一〇億円以上の土地と邸宅を所有していて、それをアイハウスへ遺贈する約束をしてくれていた。しかし永井理事長が退任するとその約束はいつしか反故になってしまった。また軽井沢に宏大な土地を所有していた古くからの会員は、それをアイハウスに寄付したいという意向を口頭で約束されたが、それも実現には至らずに終わった。

実現に至らなかった個人寄付の中で私にとって最も強く印象に残るのは、アイハウス創設直後から八六年までほぼ三〇年間理事を務め、理事会を欠席することはほとんどなかったトーマス・ブレークモア（Thomas L. Blakemore, 1915～94）夫妻のケースである。ブレークモアさんは戦前に東京帝国大学法学部で高柳賢三教授のもとで日本の法律を学び、戦後いち早く再来日してGHQ法務部に勤務した後、特別司法試験に合格し、日本における最初の外国人弁護士として活躍した。日本人パートナーと法律事務所を立ち上げて企業法務、外資導入、証券化、M&A、などの分野で名声を確立、内外に多くの顧客を得た著名な弁護士であった。それだけではなく、自然保護や野生動物の生態調査などに熱心な活動家でもあった。

フライフィッシングを日本に紹介したのもブレークモアさんであることはよく知られている。多摩川の支流秋川渓谷がフライフィッシングに適していることを発見し、それを地元周辺の人々に知らせて普及活動を先導し、地域コミュニティー（東京都五日市、現あきる野市）の発展に貢献した。夫妻は秋川の渓谷沿いに実験農場を開設して、週末はそこで過ごすことが多く、また海外から来訪する友人たちを招いて日本式農作業を体験させたりもした。ブレークモアさんは、東京で成功した米国人弁護士にふさわしい財産を築いたが、引退して帰国する数年前からその資産の適切な処分を考えていた。フランセス夫人もビジネス感覚豊かな芸術家として成功し、東京のホテル・オークラの地階に画廊を経営するほどの資産家であった。

八五年の春、ブレークモア夫妻は私たち夫婦をブレークモア農場に招いて案内してくれた。農場内には快適な居住施設やフランセス夫人のアトリエもあった。夫妻は、住居やアトリエを含めたこのファームをアイハウスに寄贈することを考えていたので、私に現地を下見するために招いたことを明かしてくれた。しかし、ブレークモア夫妻の贈り物を受領するにはいろいろな問題があることがすぐに判明した。第一はファームが農地であり、農業以外の目的に転用できないという制約があることだった。夫妻はアイハウスの別館としての施設をつくるならその資金も供与する心づもりであったが、農地の転用は当時の農地法では認められていなかった。第二の問題は、ブレークモアさんがファームを売却してその売却益をアイハウスに寄付するにしても、まず農地の評価額での売却益は大した額にはならず、またそれをアイハウスに寄付しても課税控除の対象にはならないことであった。現在のアイハウスは、公益財団法人として寄付金は課税控除の対象扱いになるが、当時のアイハウスにはそのような特典は付与されていなかった。結局、ブレークモア夫妻はファームをアイハウスに寄贈することを断念し、農地として維持する非営利団体に寄贈された。

夫妻は古い友人の多いシアトルで引退後の生活を過ごされたが、日本への思いは変わらず、九〇年に私財をすべて投入してブレークモア財団を設立した。財団の目的は日本語を含むアジアの諸言語を集中的に学ぶ若い人々のための奨学金を提供することである。大学生だけに限らず、アジアの言語習得に関心のある一般社会人にもこの奨学金に応募する資格を認めている。ブレークモア財団が、フリーマン財団（ＡＩＧ創業者の一人ホートン・フリーマン氏が設立）の協力も得て、創設以来これまでに支給した奨学金総額は、二〇〇〇万ドルに及ぶ。フランセス夫人は夫が亡くなった時（九四年）には質素なナーシングホームで暮らしていて、夫トムの葬儀がその上階にある教会で行われ、ベッドに横たわったままで出席された姿が痛々しかった。フランセスはその三年後に九一歳で亡くなった。夫に劣らず戦前戦後の日本で長く暮らした彼女の興味深い評伝『An American Artist in Tokyo: Frances Blakemore 1906–1997』（Michiyo Morioka, Blakemore Foundation, 2008）が出版されている。フランセス夫人が亡くなって間もなく、ブレークモア財団会長グリフィス・ウェイ（Griffith Way）さんが来日された際に、ブレークモア夫妻の形見分けだという小さな絵皿を一枚いただいた。中国明代の作品だという。今も大事に保管している。あきる野市の養沢には、地域社会発展に貢献したブレークモアさんのレリーフ肖像が秋川渓谷の近くに建立され、除幕式にはウェイさんも出席した。また二〇一〇年には、ブレークモアさんが戦後日本の法曹界の発展に果たした役割を検証するシンポジウムがアイハウスで行われた。

アメリカン・フレンズ・オブ・インターナショナル・ハウス・オブ・ジャパン

アイハウスは創設時からアメリカの「ギビング」（寄贈）文化を色濃く反映し、その恩恵に浴するところが大きかったことを考えれば、この辺で少しアメリカの寄付文化について触れておくのが適切であろう。アメリカは個人レベルでも、企業などの組織レベルでも「ギビング」が広く浸透しているフィランソロピー大国であることは、誰もが認める通りである。そもそも、「ギビング」という概念は、お金や物品に限らずさまざまな形の奉仕活動まで含むものであり、その価

アメリカン・フレンズ・オブ・インターナショナル・ハウス・オブ・ジャパン理事会、1988年12月16日（センチュリー・クラブ、ニューヨーク）。前列左からR. オクスナム、P. マッキーバー、R. ピートリー、後列左からG. パッカード、J. ウィーラー、M. ケンプナー、J. スレーターの各氏（『国際文化会館の歩み』より）

値の軽重はギビングに伴う自己犠牲の度合いによって測るべきだとされてきたが、そのような宗教的原意は、ギビングの組織化が発展した現代アメリカ社会では希薄化し、企業の社会的責任を装った広報戦略目的や、個人資産の税金逃れの手段として悪用されることも少なくない。しかし、個人や企業による公共性の高い目的へのギビングが奨励され、税制上優遇される制度が確立している。

課税控除が適用される寄付については、内国歳入庁（IRS）が定めた内国歳入法（ＩＲＣ）第501条Ｃ項３号がよく知られているが、その規定を満たす組織や団体、すなわち課税控除寄付の受け皿をつくるのは容易である。州による多少の違いはあるが、基本的には社会的に有意義な非営利活動であれば簡単な手続きで認可される。その対象の広さは、外国の非営利団体をアメリカ市民が支援することに対しても適用されるほどである。そのために海外の美術館や大学などを支援する「友の会」と称する課税控除対象となる寄付の受け皿がアメリカには多数存在する。

アイハウスをアメリカ市民が財政支援する組織「アメリカン・フレンズ・オブ・インターナショナル・ハウス・オブ・ジャパン（American Friends of International House of Japan, ＡＦＩＨＪ）」を立ち上げてくれたのは、ＪＤＲの古い友人でアメリカ国連協会初代会長やアジア・ソサエティー国際評議会議長などを務めたポーター・マッキーバー（Porter McKeever）さんである。彼の発意で、八五年ＡＦＩＨＪ設立発起人会議がニューヨークのセンチュリー・クラブで開かれた。事前連絡があり、私のニューヨーク出張に合わせてくれたので私も出席できた。マッキーバーさんの呼び掛けに応じて集まったのは、ジョセフ・スレーター、ジョージ・パッカード（George Packard）、ジョンズ・ホプキンス大学高等国際関係大学院院長）、リチャード・ピートリー（Richard Petree、米日財団会長）、ロバート・オクスナム（Robert Oxnam、アジア・ソサエティー会長）、ジョン・ウィーラー（John Wheeler）氏らであった。新組織の理事会の構成メンバー候補やIRC501(C)(3)の資格申請手続きなどについて確認した後、マッキーバーさんが会長、ピートリーさんが理事長になることがそれぞれ合意され、申請手続きは米日財団の顧問弁護士が無償で引き受けてくれることになった。事務局はジャパン・ソサエティーのマリ・エイジマさんにボランティアとして担当していただくことにした。こうして翌八六年にニューヨーク州認可の非営利団体ＡＦＩＨＪが正式に発足した。

理事にはダニエル・ブーアスティン（Daniel Boorstin）米議会図書館長、マリウス・ジャンセン（Marius Jansen）プリンストン大学名誉教授、ジョン・ブレードマス（John Brademas）ニューヨーク大学学長らが名を連ね、ライシャワー元駐日米大使も名誉理事として加わった。非課税扱いの寄付を受け入れる組織をつくるのは簡単だが、寄付を募るキャンペーンを効果的に展開するのは容易ではない。

ＡＦＩＨＪの決定的な欠陥は、募金の具体的な戦術を欠いていたことであり、加えて最も熱心な推進者であったマッキーバーさんが病に倒れ、九二年に死去されたこともＡＦＩＨＪにとっては大きな打撃であった。マッキーバーさんの後を継いで理事長を引き受けたジャンセン教授は募金キャンペーンを開始することに熱心だったが、専従スタッフが不在のため、結局はアイハウスが募金を呼び掛ける手紙を作成し、アドレスラベルも付けた封筒と一緒にマリ・エイジマさんに送り、それをジャパン・ソサエティーから発送してもらうことになった。発送先のほとんどは、アイハウスのメンバーで年会費を払っていただいている学者たちであり、会費に加えてさらに支援を求めることの可否も発起人会議で論じられたが、会員以外のメーリングリストを作成するのは容易ではないので、とりあえず在米会員（ほぼ一〇〇〇名）にＡＦＩＨＪの設立あいさつを兼ねた寄付依頼状を発送したのは九一年だった。結果は予想されたことだが、芳しいものではなかった。七〇～八〇名が呼び掛けに応じ、総額一万二〇〇〇ドルが集まった。その中には、ユナイテッドウェイからの五〇〇ドルも含まれていた。ユナイテッドウェイというのは、個人が所属する企業がこのシステムに参加していれば、個人が行った寄付と同額を企業も寄付するという制度で、個人の慈善活動を奨励するアメリカならではの仕組みである。AFIHJの最初の呼び掛けは、期待した成果を上げることができなかったが、古い会員が死亡した場合などにその遺族が故人を偲んで（In memory of ―）数百ドルの寄付をしてくれるケースもあった。また思いもよらぬ人が寄付してくれることもあった。その一人がベンジャミン・コーツ（Benjamin Coates）氏である。コーツ氏の寄付は、七万ドルという高額であったので、その背景に触れておくことが適切であろう。

コーツ氏は、戦前にプリンストン大学に留学していた当時の近衛文隆氏（近衛文麿元首相の長男、一九一五～五六）の親友であった。文隆氏は、プリンストン大学のゴルフクラブのキャプテンとして活躍したが、志なかばで大学を中退して陸軍中尉として中国戦線に送られた。戦後はシベリアで長く抑留され日ソ国交回復後もすぐに釈放されることなく捕虜収容所で病死した。文隆氏の逝去を悼んだコーツ氏は、文隆氏を偲《しの》び記念するため八五年にプリンストンで学ぶ日本人学生のための奨学基金制度を創設し、マリウス・ジャンセン教授を通じてこの新しい制度を活用してプリンストンで学ぶ優れた日本人留学生の募集と選考に国際文化会館の協力を要請してきた。アイハウスではグルー基金・バンクロフト奨学基金の事務局の機能も果たしていたので、コーツ氏の要請に応え八六年から募集・選考を引き受けた。高校三年生を対象に、書類選考を通った数名を面接試験で三名に絞りプリンストン大学に推薦し、その中から一名を大学側が決定する仕組みである。この仕組みは二〇〇三年まで続き、その後はプリンストン大学入学が決まっている日本人学生の中から大学が直接奨学生を選ぶ制度に変更されているが、近衛記念奨学金制度は、コーツ氏が亡くなられた後も遺族が資金を提供して現在も続いている。コーツ氏のＡＦＩＨＪへの寄付はこうした背景からであった。

近衛記念奨学基金については、プリンストン大学にいる中国人留学生たちが、日本の中国侵略に関わった人物を記念するような制度は廃止すべきだと主張し大学に抗議するデモを行った時期もあったが、当時の女性学長は近衛元首相と文隆氏は父子であってもそれぞれ別々の人格であるとして、中国人留学生の要求を一蹴して奨学基金制度を守ったことが記憶に残る。文隆氏の悲劇的な生涯は、西木正明氏の小説『夢顔さんによろしく』（文芸春秋、一九九九年）のモデルとなり、またミュージカル「異国の丘」にもなった。

ブレークモア夫妻もＡＦＩＨＪの発足を喜び、ブレークモア財団から二万ドルの寄付をしてくれた。ＡＦＩＨＪのファンドの支援でいくつかの新しい事業が実施できた。ライシャワー記念講演シリーズ（日米双方で連続八回）、英文による『会館五五年史』（First Fifty-five Years of International House of Japan: Genesis, Evolution, Challenges, and Renewal）の出版に加え、『Japan and Its Worlds: Marius B. Jansen and the Internationalization of Japanese Studies』、や『Words, Ideas, and Ambiguities: Four Perspectives on Translating from the Japanese』などの出版事業であった。

ＡＦＩＨＪの創設に関わった人々の多くは、九〇年代中頃から二一世紀初頭の一〇年の間に相次いで他界し、事務局の役割をこまごまと丁寧に果たしてくれていたマリ・エイジマさんも亡くなるとＡＦＩＨＪの存在そのものを知る人はほとんどいなくなった。マッキーバーさんが情熱を注いでつくり上げた組織は、休眠状態に陥り、次の世代による組織の再生は、二〇一七年まで待たねばならなかった。ケント・カルダー（Kent Calder）ジョンズ・ホプキンス大学教授ら次世代の人々によるＡＦＩＨＪの再組織化が行われ、専従事務担当者も決まって具体的成果を上げ始めていると聞き及ぶが、うれしいことだ。

寄付集めのプロたち

アメリカは個人寄付奨励社会であり、大学や美術館などさまざまな非営利団体には Development Officer と呼ばれる募金担当専従者がいる。その多くは成功報酬制で仕事をしているプロであり、腕利きの Development Officer は他団体へスカウトされて職場を転々と渡り歩く場合も少なくないし、むしろそれが彼らの世界では普通である。寄付の仕方もさまざまだ。ディファード・ギフト（deferred gift）あるいはプランド・ギフト（planned gift）と呼ばれる寄付は、単純に言うと寄贈者が寄贈（多くは遺贈になる）時期を指定することによって、現在所有する資産から得られる利益が課税控除の対象になる恩典を利用した寄付である。ある大学の募金担当副学長は、自分の仕事は毎朝、まず新聞のオビチュアリー欄（物故者欄）に目を通すことから始まると笑いながら語っていたのが印象深い。

もちろん節税などとは無関係に純粋な善意の寄付もある。公園のベンチの背などによく"In memory of —"誰それ、と個人の名を記したプレートを見掛けるが、寄付文化が決して金持ち階級だけに限らないことを示している。寄付を刺激し、勧奨する仕組みが広く行き渡っているのがアメリカ社会の特徴の一つであることは間違いない。フィランソロピー（社会貢献活動）関連分野の雇用が雇用全体の中で占める比率は、一五～二〇パーセントに及ぶと推定されていて、慈善「産業」はアメリカ経済の主要アクターであるとさえ言えよう。またアメリカでは、こうしたファンドレイザー（資金調達）のプロたちにとっての貴重な最新情報源である『Chronicle of Philanthropy』という月刊機関誌も存在する。アメリカの寄付集めプロたちの年次総会もある。大コンベンションで寄付に関する研究論文の発表や議論が行われる。私もロックフェラー家とアジアをテーマにした部会に招かれて小論を発表したことがある。無数に存在するアメリカの大小さまざまな財団の寄付額の番付が毎年公表されるが、上位を占めるのは、もはやフォードやロックフェラーやカーネギーなどではなく、今やゲイツ財団などに代表されるＩＴ産業創業者たちがつくった新興財団である。

日本の寄付文化は、アメリカと比較すればまだまだ見劣りするが、九五年の阪神・淡路大震災後にボランティア活動の重要性が認識され、市民活動促進法が成立したことによって、災害時などに市民の個人寄付が免税措置を受けられるようになったのは、一歩前進である。さらに二〇〇八年、公益法人制度改革の施行により、財団法人や社団法人を含む非営利組織の設立が容易になり、またその公益性が認定されれば、公益財団法人、公益社団法人として課税が控除される寄付金を受け入れることができるようになった。アイハウスも二〇一二年に公益財団法人として認定され、税制上優遇される寄付金を受け入れることができるようになった。もちろんそれでアイハウスの財政基盤が恒久的に安定するわけでは決してない。前述のアメリカの寄付金集めのプロたちとは言わないまでも、課税控除寄付金の受け皿の資格取得を活用して、事業を充実・拡大するための資金調達に従来にも増した努力が必要であろう。

公益法人制度がなかった時代のアイハウスの募金活動は、創立時の募金をはじめ七〇年代の施設増改築募金（一五億円）なども含めて、すべて案件ごとに目的、募金額、期間などを大蔵省（現・財務省）に申請して、免税扱いの認可を取るという煩雑な手続きを要した。八九年に特定公益増進法人制度ができ、二年ごとの更新を前提に特定目的に限定されない一般寄付を非課税寄付として受け入れることができるようになった。九〇年代の「松本重治記念基金」や「文化交流強化基金」などの募金活動は、この特定公益増進法人の資格を認可されたから実施できたのであった。前者は主として個人、後者は企業にそれぞれ協力を要請して展開されたが、いずれも目標を達成できずに終わった。

印象に残る会員寄付

こうした組織的な募金活動とは別に、古い会員が亡くなられた際に、遺族から「故人がお世話

座談会「翻訳者が語る近現代日本文学」、1988年。
右からジョン・ネースン、ハワード・ヒベット、エドワード・サイデンステッカー、エドウィン・マクレラン、ドナルド・リチーの各氏（『国際文化会館の歩み』より）

になりましたので」という意味で個人寄付をいただくことは古くからあった。

その中で印象に残るケースに少し触れておきたい。その一つは、上野景福《かげとみ》（東京大学名誉教授、英語学）氏のご遺族から寄せられた寄付金である。上野教授はアイハウスのプログラムに参加することはほとんどなかったので、私は面識がなかった。後日、子息景文氏（元駐グアテマラ大使）から伺うと上野教授はアイハウスの食堂がお気に入りで、頻繁に利用されていたとのことであった。手品が上手で、食堂でその玄人はだしの腕前を披露されることも一度ならずあったそうだ。東京大学退官後も武蔵大学や昭和女子大学で語学教育を熱心に指導されたことも知った。上野教授は、日本の英語教育改善を目指して六〇年代初めに発足した英語教育協議会とアイハウスの関係も熟知し、おそらく松本・高木ラインにもつながっていたと推測できた。そうした背景を勘案した結果、上野家からのご厚志を「翻訳者が語る近現代日本文学」をテーマにしたシンポジウム開催費用に充てることにした。夏目漱石、志賀直哉、川端康成、谷崎潤一郎、三島由紀夫、大江健三郎氏らの作品を英訳したエドウィン・マクレラン、エドワード・サイデンステッカー、ハワード・ヒベット、ジョン・ネースン氏らを招聘し、四回連続の講演とディスカッション、そして締めくくりとして四人の座談会を九八年に開催することができた。このプログラムの記録は、ドナルド・リチー（Donald Richie）さんによって『Words, Ideas, and Ambiguities: Four Perspectives on Translating from the Japanese』としてまとめられ、二〇〇〇年に刊行されたが、出版に関わる費用は、前述したようにＡＦＩＨＪからの助成によって賄った。

故人を記念するために遺族が寄せてくれる個人寄付とは別に、会員が生前に寄せてくれる個人寄付も決して少なくない。その中にはかなりまとまった一〇〇万円単位の額を一度ならず寄付してくれた会員もいた。使途目的については、特に指定されないのがほとんどだが、指定する場合は図書室の充実のためにというのが最も多かった。珍しいケースは、鳥居坂の一般道路から会館敷地に入る石垣沿いの上り坂カーブに手すりを設置することを目的に、その経費の全額を負担してくれた個人寄付である。高齢化社会を象徴する寄付であった。「新渡戸フェローシップ」の継続が財政的に厳しくなった際には、小林善彦さん（東京大学名誉教授）が多額（四〇〇万円）の寄付をしてくださったことも忘れがたい。

個人寄付については、さまざまな会員がさまざまな遺贈を約束してくれたが、その多くは口約束だけに終わったことについては前述した通りである。アイハウスへの遺贈意思が文書化されるのは稀で、本人が亡くなると口約束があったことを知る遺族は少なく、また知っていたとしても遺族の間でそれぞれの考えがあり、故人がアイハウスに約束したことなどは顧みられなかったのだろう。口約束の内容は不動産もあれば預貯金や有価証券などさまざまだったが、ほとんどが本人亡き後は反故になった。

記憶に残るもう一つのケースは、六〇年代にアイハウスの研究参与を一年間務めた後もアイハウスのアドバイザー的な役割を果たしたユージン・ラングストンさんの場合である。氏は遺言状を作成し、それをある日本の友人に託していた。彼は長い間持病の肺気腫に悩まされ、八九年に日本の病院で亡くなった。遺言には、遺体を「白菊会」（篤志献体の組織）に献体することや資産の遺贈先と遺産額が明記されていたが、アイハウスについては何の言及もなく、預貯金のうちの三六〇万円は在日の親友バートン・ワトソン（Burton Watson）氏に贈ることが書かれていた。遺言執行人は、それに基づいてワトソン氏に連絡し、送金した。数日後にワトソン氏から電話があり、ラングストン氏から遺贈された金額をアイハウス図書室に寄付したいと伝えてきた。ワトソン氏によれば、自分は米軍海兵隊時代からラングストンさんの友人だったが、遺産をいただくほどの関係ではないので、いったん遺言通り受け取るが、自分の意思でそれをアイハウスに寄付するということだった。ワトソン氏は、「平家物語」や西行の「山家集」など日本の古典文学だけでなく中国古典文学の英訳者としても著名な存在であるが、翻訳者として大成できたのは、アイハウスの図書室に負うところが大きいのでラングストンさんから遺贈されたものをそっくり図書室に寄付すると言ってくれたのである。ラングストンさん自身も日本文学の英訳に関心が強く、遺品整理に立ち会った際、川端康成の作品『浅草紅団』の英訳草案が出てきたことを覚えている。アイハウスへの個人寄付には、それぞれのヒューマンストーリーがあり、それだけに個人から寄せられる浄財の使途については慎重に対応するよう心掛けてきた。今ではＳＮＳを利用した寄付集めも行われる時代になり、「ギビング」の概念やフィランソロピーの世界がクラウドファンディング（インターネットを利用して不特定多数の人々から特定目的のために資金を集める方法）などの出現によって大きく変わるのであろうか。

第五章　歯止めのない機能増殖

増殖し続けるファシリテーター機能

一九八〇年代はアイハウスのファシリテーターとしての機能が幾何級数的に増殖し続けた時代である。いや、より正確に言うならば、私自身が増殖にブレーキをかけず、来るものは拒まずの姿勢ですべてを歓迎したからである。特にアジア・ソサエティーやアスペン人文研究所との関係から派生する新しいプログラムへの関わりや内外の研究者からのさまざまな協力要請は、意図的にブレーキをかけない限り拡大し、深化した。

しかし、その自然増殖はアイハウスの従来のアメリカ中心的な事業に多様化をもたらす効果もあった。例えば、アスペン人文研究所の日本事務所を引き受けたことは、ザルツブルク（オーストリア）・セミナーとの協力関係を導き、私自身にとっても新しい世界に目を向け踏み込んだりする好奇心が刺激された。ザルツブルク・セミナーは、知的マーシャル・プラン（Marshall Plan、第二次世界大戦で被災した欧州諸国のために、アメリカが推進した大規模な復興援助計画。ジョージ・

マーシャル国務長官の提唱による）を自称するアメリカの民間組織で、戦後ヨーロッパの若者たちがアメリカの歴史や文化を学ぶための夏季セミナーとしてハーバード大学の学生有志によって始められた。その会場として使用されたのは、一八世紀にザルツブルク大司教の居住施設として建てられたシュロス・レオポルドスクロンであった。当時この歴史的な建物と広い敷地を所有していたアメリカ人が無償で提供してくれたのである。最初のセミナーが開催された三年後にザルツブルク・セミナーはアメリカの非営利団体として法人化され、いくつかのアメリカの財団やザルツブルク市などの支援を得て着実な発展の道をたどることになる。そして五九年には風光明媚な湖畔に位置する一七エーカーの広大な土地とその中に建つ旧大司教館の所有権を取得するまでになる。

その発展にふさわしく、セミナーが取り上げるテーマも参加者もグローバル化し、また取得した施設はセミナー会場としてだけではなくホテルとしても利用されるようになるなどアイハウスがたどった道と重なる点も感じられる。私がザルツブルク・セミナーに関係するようになったのは、スレーター会長のもとでアスペン人文研究所副会長をしていたゲール・ポッター（Neal Gaile Potter）さんが九〇年代初頭にザルツブルク・セミナーの副会長として来日した際に久しぶりに彼女と再会したことに端を発する。

当時ザルツブルク・セミナーはアジアへの関心を強めていて、ハドソン研究所やアスペン人文研究所時代を通じてアジアと幅広いネットワークのある彼女が、ザルツブルク・セミナーの要職にスカウトされたのである。セミナーへの日本人参加者を増やす施策や日本企業等からの資金支援を得る戦略などについて相談されたりするうちに、私はセミナーの理事に選任されることとなった。アメリカとヨーロッパとの間の知的交流を主たる目的として発足したセミナーだが、グローバリゼーションの波の到来を察知し、アジア担当部長職を設けキャサリン・リクライター（Chatherin Lichliter）さんを起用した。彼女がブランダイス大学出身であることから、同窓である私のザルツブルクとの関わりも一層深まる。年に一度の理事会は、ザルツブルクと米国内で交互に開かれるが、理事の顔ぶれは年々変わるので、新しい人間関係も自然に広がる。日本人理事には、小和田恆氏（国際司法裁判所判事）や行天豊雄氏（国際通貨研究所理事長）らが加わり、二人とも理事会を欠席することはなかったので、両氏と私の間にも自然に親交が生まれた。リクライター部長は精力的にアジア各地を歴訪した結果、セミナーへのアジア人参加者数も徐々に増えた。またフリーマン財団からの助成によるフリーマン・フェローの導入などの新しい事業も始まる。私は九二年から九八年まで理事を務め、リクライターさんの助言者として日本人セミナー参加者の拡大や同窓会立ち上げなどに協力した。

小和田恆 国際司法裁判所判事
（『写真集国際文化会館』より）

こうしたザルツブルク・セミナーとの関わりは、個人的な人間関係にとどまらず、アイハウスのプログラムにも反映されてゆく。例えば「大和日英基金」（ロンドン）の訪日学生グループや欧州キヤノン財団が日本に送る若手指導者グループ「キヤノン・フェロー」などに対する協力が積極的に展開されるようになった。前者は現在も続いている。ザルツブルク・セミナーが私自身のEU世界に対する関心を深めたことは言うまでもない。日欧産業協力センター（EU-Japan Centre for Industrial Cooperation）の日本研修事業で来日する企業中間管理職グループや大学院生グループに対するオリエンテーション・プログラムで日本の社会と文化について初歩的なブリーフィングを九三年に引き受けたのは、ザルツブルクとの関わりがあったためでもあり、以来そのブリーフィングは恒例となり二〇一六年まで続けた。

このような海外から来日するさまざまなグループに対するブリーフィングは、アイハウスのプログラムの中で「他団体に対する援助」というカテゴリーに位置付けられてよく行われていたが、多くは在日外国人で日本に長期滞在し日本人の日常生活や日本文化の優れた観察者を講師とするものであった。その中で特に印象に残るのは、ジャパン・タイムズに定期的に寄稿し、『More Footloose in Tokyo: The Curious Traveller's Guide to Shitamachi and Narita』などの著者でもあったジーン・ピアース（Jean Pearce）さんのブリーフィングだ。彼女のプレゼンテーションは、言葉による説明だけでなく具体的な「小物」を使いながら巧みで分かりやすく、いつも好評だった。例えば、日本人の美意識については、控えめで華美より地味が好まれる性向を説明するのには、羽織の表と裏を見せ、裏側に色あざやかで精緻な衣装デザインが秘められていることを示したり、大きさや広がりより内部のディテールがより重要視されることについては、「根付」を数点見せ、実際に手のひらに取って観察させるという方法である。本章を執筆するに当たって、念のためピアースさんをネットで検索してみたら、二〇一七年に九六歳で亡くなったこと、そして日本を離れる直前にウィリアム・シャーマン元駐日米代理大使と結婚されたことを知った。

私もピアースさんに倣い、日欧産業協力センターなどでのプレゼンテーションでは、できるだけ「小物」や映像を使用することを心掛けた。例えば、「もったいない」という概念（ケニアの環境保護活動家で二〇〇四年度ノーベル平和賞受賞者ワンガリ・マータイ〈Wangari Maathai, 1940～2011〉女史によって世界的に広く認められて国際語化した）を説明するのには、風呂敷を見せ、さまざまな用途があり、それぞれの使用に適した結び方を実演して見せた。また日本の組織文化の一端を理解してもらうには、印鑑（三文判）と朱肉を見せて実際に押印を体験してもらうことが有効であることなども分かった。

ノーベル賞晩餐会への招待

ヨーロッパとの関係での私の個人的なハイライトは、九八年のノーベル賞授与式と晩餐会にSwedish Institute（スウェーデン文化交流協会）から招待されて妻同伴で出席したことである。日本人受賞者はいない年で、なぜ私たち夫婦が招待されたのかは今も分からない。推測できるのは、当時在日スウェーデン大使館の参事官であったラーシュ・ヴァリエ（Lars Vargö）氏がSwedish Instituteに推挙してくださったのではないかということだけだ。ヴァリエ氏は、日本に留学し京都大学で日本古代史の研究で学位を取得した後スウェーデン外務省に入り、九八年当時は参事官として在日スウェーデン大使館に赴任していた。ヴァリエさんとの出会いは、スウェーデンのカール一六世グスタフ（Carl XVI Gustaf）国王がボーイスカウト国際連盟名誉総裁として訪日された際、ボーイスカウト日本連盟総裁もされた石坂泰三氏を記念して設立された財団主催の特別講演をスウェーデン国王にしていただくことから始まった。

前述したように、私は石坂記念講演シリーズの実施に深く関わっていたので、スウェーデン国王による特別講演について詳細を打ち合わせるためにスウェーデン大使館を訪問したが、その時に対応してくれたのがヴァリエ氏だった。それ以来ヴァリエ氏との交流が特に深まったわけではなかったので、スウェーデン大使館の文化担当官カイ氏から一二月にスウェーデンに行けますかという唐突な電話を受けたときには驚いた。後で知ることだが、ホストのSwedish Institute は日本の国際交流基金のような組織で、ノーベル賞授与式に合わせて毎年さまざまな国から数名を招待しているとのことだった。授賞式と晩餐会のドレスコードはホワイトタイというので、貸衣装屋に行って旅装を整え、妻は着物を用意して真冬のストックホルムに向かった。空港には、Swedish Institute のスタッフとアメリカでの勉強を終えてストックホルム大学大学院に留学していた娘が出迎えてくれた。宿舎は、受賞者たちと同じグランドホテルだった。

翌日、コンサートホールでの授与式に出席した後、市庁舎の大ホールでの晩餐会にも案内された。出席者は総勢二〇〇〇名近くで、その中には抽選で選ばれた二五〇名の学生が含まれると聞いた。これだけの人数の一人ひとりがあらかじめ決められた席に着席するには多少の混雑があるだろうと覚悟していた。大ホール内に配置されたテーブルは、中央に長い一本の縦のテーブルがあり、そこはロイヤルファミリー、受賞者とその家族らの席である。その縦長のテーブルの両脇

ノーベル賞授与式会場にて。
著者夫妻

（著者提供）

から枝分かれするように何列ものテーブルがあり、そこが一般招待客用の席である。すべての席に名札が置かれていて自分の席を探すのは大変だと思ったが、そんな心配は無用だった。プロの案内係が案内してくれたからだ。私たちが案内されたテーブルは、横列の中央部席で、近くにはウプサラ大学長、吉川弘之元東大総長夫妻らがいた。二〇〇〇人もの大勢にフルコースディナーを供するだけでも大変な作業で、それを厳粛にしかも決められた時間通りに行うのは並大抵ではないが、軍隊的な規律の高いウエーターたちが、ファンファーレと共に高所に登場した指揮官の合図で一糸乱れぬ動きを見せ、二〇〇〇人がすべて同時に料理を口にすることができるよう熟練された、彼らのまさに神業的な動きに感激した。ディナーが済むと参会者の多くは、二階の舞踏会場へ移動するので、私たちものぞいて見ようと二階に移ったが、着物姿の妻にメディアのカメラが集まるのに気付き、すぐに舞踏会場を抜け出しホテルに戻った。私たちが二階の階段を下りる姿をホテルのテレビで見ていた娘は、両親がすぐに戻るのを知り、部屋のロックをはずして待っていてくれた。

翌朝、ホテルの朝食レストランに行く途中、カフェではホワイトタイを付けたままの学生たちがわいわい騒いでいた。おそらく抽選に当たって昨夜のノーベル晩餐会に出席した学生たちが、夜通しここで騒いでいたのだろう。

Swedish Institute の招待は、一週間のスウェーデン滞在と好きな所を選んでどこでも訪問できるという贅沢なものであった。私は、ストックホルム国際平和研究所（Stockholm International Peace Research Institute）、ストックホルム大学日本研究科、ルンド大学アジア研究科などへの訪問希望を事前に知らせておいたので、そのいずれもが私を受け入れる準備をしてくれていて、丁重なもてなしを受けた。番外だったのは、晩餐会の翌日の夜、ストックホルムから車で雪深い道を三〇分ほど走った所にある小さな教会での「聖ルチア祭」を見せていただいたことである。一〇代前半の少女たちが長い白衣をまとい、それぞれ数本のローソクを灯した冠をかぶって南部イタリアの民謡サンタ・ルチアを唄いながら登場する楽しい祝祭である。北欧では、一二月一三日はどこでも「聖ルチア祭」が広く行われる習慣があるのを初めて知った。寒い北国のこの祝祭イベントは、太陽が眩いナポリの歌曲「オー・ソレ・ミオ」に馴染んできた日本人にとっては多少の違和感があったが、太陽の光に憧れる国の人々には、宗教儀式であるとともに春を待ちわびる気持ちの表現でもあるのだろう。聖ルチア祭が行われるのは通常は一二月一三日であるが、ストックホルムの郊外の小さな教会で二日繰り上げて行ったのは、Swedish Institute の希望によるものであったことも後で知った。

ストックホルム大学を訪問した日は、大雪が降っていた。日本研究者や学生と昼食を一緒にした。学生の多くは日本の古典文学よりも現代作家の作品に関心を示していた。ルンド大学へは、航空サービスを利用した日帰り旅行だった。マルメ空港には、スウェーデン外務省を退職した高齢の紳士が待っていてくれて、大学に向かう車の中で、ルンドの歴史とルンド大学がスウェーデンの科学技術を牽引する存在であることなどを説明してくれた。テトラポッドの発祥地がルンドであることもこのとき初めて知った。大学で女性の学長とアジア研究科の主任教授と一緒に昼食をしながら話を聞いたが、二人ともアジア研究より、ルンドの工学部の研究者たちが、ハイテクのベンチャービジネスを立ち上げるのに貢献している産学協同の実態を誇らしげに語ってくれた。

スウェーデンの最後の訪問地は南部のヴェクショー（Växjö）という町の近くにあるコスタボダ社のクリスタルガラス工房だった。ヴェクショーは、スウェーデンの中でも環境問題に最も厳しく取り組んでいる都市として知られている。スウェーデンご自慢の特急列車を利用した五時間ほどの旅で、車窓の外には荒涼とした風景が続いた。ヴェクショー駅には、ヴェクショー大学で経済学を講じる鈴木満氏が出迎えてくれ、ホテルにも案内していただいた。市長への表敬訪問も予定に入っているとのことで、すぐに市庁舎へ出掛け、小太りで話し好きな市長と歓談した。住民の暖房は郊外に設置されている巨大なタンクからの給湯による仕組みなどを教わり、タンクのある現場へも案内された。翌朝、八時ごろに鈴木さんが車でコスタボダ工房へ案内してくれることになっていたので、早起きして町の広場を散策していると市民にホットレッドワインを振る舞っている市長さんに再び出会い、小さなグラスで温かいワインをいただいた。工房への道のりは三〇分ほどであったが、厳寒の中、見事な樹氷の林が道路の両側に果てしなく続く風景は忘れがたい。お目当ての工房は休日で、一般には公開されていない日だったが、Swedish Institute の事前連絡で、工房の代表的アーティストが一人だけ出勤していて私たちを歓待してくれただけではなく、妻と娘にそれぞれ自作のペンダントを用意し、贈呈してくれた。私は、少し値段は高かったが、この著名な工房訪問記念にクリスタルの花瓶を買った。

工房見学を終えた後、いったんホテルに戻り荷物を積んでマルメ空港へ向かった。鈴木さんと娘に見送られて、八日間の旅を終えた。アイハウスの仕事ではいつも訪問者を受け入れる立場の視点から物事を考え、行動してきたが、このときの旅で逆の立場からの視点も大事であることに気付かされた。ちなみに、ラーシュ・ヴァリエさんは、二〇一一年に駐日大使として赴任され、一二月一三日に大使公邸での「聖ルチア祭」に招待してくださり、十数年前の感激を再体験することができた。ヴァリエさんは日本文学への知識と関心が深く、北欧の日本文芸誌『ひかり』を創刊し、またスウェーデン俳句協会の創設にも深く関わっている。外交官生活を引退された現在でも定期的に来日し、会館の図書室に必ず立ち寄られる。

ペガサス・セミナーとボブ・シャープさん

外部から持ち込まれたイニシアチブをアイハウスが取り込み、共催事業として数年にわたって継続したケースも少なくない。「ペガサス・セミナー」もその一つである。これは日本に赴任して間もない外国人ビジネスパーソンたち（主としてアメリカ企業の中間管理職）が日本の生活環境やビジネス慣習などについて理解を深めることを目的とした三泊四日の集中研修で、在日米商工会議所が実験的に始めたものだ。受講希望者が増え定期的に実施するには日本の団体の協力が必要と判断した同会議所会頭でマニュファクチャラーズ・ハノーバー・トラストの日本支社長であったロバート・シャープ（Robert Sharp）さんから協力要請があり、アイハウスはそれに応じて、八六年から米商工会議所との共同プログラムとして実施されるようになった。

担当したのは企画部の三浦節子（旧姓林田）さんである。セミナーの名称は会場を提供していただいたモービル石油の研修施設ペガサスハウス（静岡県伊東市、現在は民間リゾートホテル）にちなむ。アイハウスがシャープさんのイニシアチブに応じたのは、それによってアメリカの在日企業の法人会員が増えるだろうと期待したからでもあった。事実、シャープさんはそのために積極的に働き掛けてくれたが、成果は期待したほどではなかった。しかし、在日ビジネスパーソンとの関係が広がりアイハウスの個人会員になる人が増え、またセミナーの講師として毎回協力をしてくれた米国生まれの西山千（ライシャワー大使の通訳として活躍し、その後ソニーの顧問をされていた）さんらは、アイハウスの他のプログラムへも積極的に参加されるようになり、特に海外から来日する各種グループのためのブリーフィングではドナルド・リチーさんらと共に貴重な存在となった。日本経済の発展が加速していた時代を反映し、ペガサス・セミナーに対する需要がさらに増え、米商工会議所会員の中にはそれをビジネス化することを考える女性会員も現れて、会議所自体が会員の利益と競合する事業に関わるべきではないと主張し始めた。そうした情勢の変化に、私とシャープさんは、ペガサス・セミナーに非営利団体が関わり続ける時代は終わったと判断し、ほぼ一〇年間続いたセミナーはミッション完了としてピリオドを打った。

他方、シャープさんとの親密な個人的関係はペガサス・セミナーが終結した後も続いた。彼は慈善事業への関心が強く、またそれを自らできる範囲で実践していた。アジアの孤児五〜六名を養子として引き取り、実子も含めると一〇名を超す大家族で東京に住んでいた。さらに、貧困国児童のための里親制度であるフォスター・ペアレンツ・プラン（ＦＰＰ）という国際ＮＧＯ制度を通じて貧困コミュニティーを支援する活動にも熱心に関わっていた。日本がまだＦＰＰに加盟していないのを知ったシャープさんから、この途上国児童支援制度を日本に紹介し、加盟を促進する動きを手伝ってほしいという相談を受けた。八〇年代の初め頃だったと思う。六〇年代にイギリスの慈善事業団体オックスファム・インターナショナル（Oxfam International）の代表者が訪ねてきてその活動についての説明を聞く機会があったが、具体的な要請はなかったことを覚えている。シャープさんが持ち込んできたのは、極めて具体的で、月額二〇ドルを貧困国児童支援に寄付してくれる個人・集団を日本でも組織化することであった。そして、その組織が自立できるようになるまでの経費の全額は米国のFPPが負担する用意があるという。

私はシャープさんが本業の銀行業務を忘れてしまったかのような熱意に感動しながらも、これはアイハウスが内部に取り込むケースではなく、独立した組織として最初から取り組むべきだと判断し、「フォスター・ペアレンツ・プラン／ジャパン」（FPP／JAPAN）発起人会を立ち上げるところまでは協力することを約束した。そしてまず動いたのは、世界の貧困問題に関心のある日本人有力者をシャープさんに紹介したことである。大来佐武郎、椎名素夫（衆議院議員）、服部一郎（第二精工舎社長）氏らである。みな賛同していただき、最初の発起人会が国際文化会館で開かれて私も出席した。この会議でシャープさんは組織化の要となる事務局長が必要であることを強調し、専従できる適切な人材をまず探すことを求めた。私は日本のヘッドハンティング会社のはしり的な存在であった「㈱ケンブリッジ・リサーチ研究所」という会社に推薦を依頼して事務局長として山本浩氏を採用することにした。

こうしてFPP／JAPANが八三年に任意団体として正式に発足した。他方、ペアレンツ

（月額二〇ドルを寄付してくれる里親）を募集するキャンペーン広告（主として新聞）は服部氏が全額負担してくれ、またNHKの解説委員だった縫田曄子氏（後に国立婦人教育会館初代館長）も番組の中でこの国際NGOを紹介してくれた。里親募集の反響は、予想以上でペアレンツ数はすぐに一〇〇〇人を超えた。FPP／JAPANを支援する会員の数は予想を超えて急増し続け、任意団体として発足した二年後の八五年には、外務省を主務官庁とした財団法人の資格が認定されて、初代理事長に渡辺武（元アジア開発銀行総裁）氏が就任した。

この制度では、里親が自分の意思で国、地域、コミュニティーそして特定の児童を選び、その児童が住むコミュニティーの福祉、教育、インフラ整備などを国際本部を通して支援する仕組みで、個々の寄付金はまとめて国際本部に送金され、本部を通じて配分されるが、ペアレンツが選んだ特定児童との親密な里親子関係は手紙などの交信で深まる仕組みである。事務局スタッフの多くは若いボランティアであった。シャープさんは、FPP／JAPANが日本で組織化されて間もなく帰国したが、彼が日本に蒔いた慈善事業の種は大きく成長し、巨木になり、組織の名前は「プラン・ジャパン」に変わった。私がFPP／JAPANの評議員を辞任した二〇〇六年の時点での日本人里親の国際本部への拠出金は年間三〇億円を超えるまでになり、日本最大級の国際NGOの一つに発展した。現在では六万五〇〇〇人のペアレンツと六万二〇〇〇人のボランティアが支える組織になっていると聞く。

第六章　かげりと挑戦

施設の経年劣化と建て替え問題

一九六〇年代末から七〇年代半ばにかけてアイハウスは大きな課題に直面することとなる。現代日本建築の傑作と称賛され日本建築学会賞にも輝いた建物の物理的劣化が予想外に早く進行し始め、その対応に迫られたのである。すでに七一年に「長期計画委員会」を立ち上げて、施設拡張の必要性や将来の事業の方向性などを検討し始めるが、中心的課題は、施設の経年劣化対策であった。この問題にどのように取り組んだかについては『国際文化会館五〇年の歩み』に詳述されているので、ここではこの課題をめぐる個人的な思い出だけに限って少し触れるにとどめる。

長期計画委員会が出した結論は施設を建て替えて倍増することで、そのためには総額一五億円が必要だということであった。理事会がこの結論を承認し、一五億円を目標に掲げた募金委員会が発足した直後の七三年一〇月、オイルショックが発生して物価高騰の嵐が吹きまくる。物価狂乱の嵐が沈静した後、一五億円募金運動を開始するが施設建て替え案は破棄し、一五億円で施設改善のために何ができるかが検討された。その結果、新施設倍増計画は既存施設増改築計画へ変更された。一五億円を投入する増改築工事は、第一次オイルショックの最中に始められた。七三年一二月、全施設を閉鎖し、二年間を要する工事中は、南青山の青康ビル（港区南青山七―二―一）四階に仮事務所を設置していたが、人物交流など最小限の事業を維持しながら募金活動が展開された。

松本先生はすでに七〇歳を超え、回想録『上海時代』を雑誌『歴史と人物』に連載し始めていた頃だった。アイハウスの敷地内に住んでいた松本先生一家は世田谷区上野毛の五島美術館近くの借家住まいになったが、先生は毎日欠かさず仮事務所に通い、募金活動の先頭に立って東奔西走する日が続いた。仮事務所の職員数は、総務部、企画部、図書室、会員課、経理課などを含め二十数名だった。図書室の蔵書もすべて仮事務所内に移した。閲覧希望者があるかもしれないという配慮からだったが、図書閲覧のために仮事務所を訪れる会員は稀にしかいなかった。

既存施設閉鎖時には一〇〇名を超す職員がいたが、それを大幅に削減する任務は、総務担当常務理事であった田辺龍郎さんの任務となった。田辺さんは、父定義氏譲りの公正、公平さをもって日頃すべての職員に接していて職員の間では信頼感が高かった。田辺定義氏が、新渡戸稲造の門下生であったことについてはすでに触れたが、同じ新渡戸の門下生であった前田多門氏がニューヨークに開設された日本文化館（Japan Institute）の所長として赴任した際、前田氏を補佐し実務を担当したのが定義氏であった。

田辺常務理事は、仮事務所に残留できない職員の一人ひとりの希望に熱心に耳を傾け、再就職先を探すなど誠実に対応した。他方、アイハウス再開後にも確保しておきたい職員、特にホテル部門の職員については一括してパレスホテルで出向社員として働けるよう取り計らうなど、増改築中の職員の身分保障に腐心している。増改築の施設内容の詳細を詰めるために工事業者（清水建設）と折衝したのも田辺さんであったが、ここでは田辺さんらしくないと思える行為もあった。それは前川國男氏による設計案の内容と詳細情報を独占し、他の職員と共有して意見を求める姿勢がなかったことである。丸めた設計図の青焼きを大事そうに抱えて持ち歩くが、それを職員に広げて見せることは一度もなかった。職員の意見などを聴けば、増改築コストの増大につながりかねないのを懸念したのであろうが、その点だけは私には理解できなかったが、文句を言える立場にはなかった。

仮事務所への通勤には、渋谷駅から歩いた。ほぼ二〇分かかった。東横線の改札口から二四六号線（首都高速道路三号線に沿った通り）沿いに歩き、途中で北青山トンネルを通り抜けなければならなかった。薄暗く車の排気ガスの臭いが漂うトンネル内の歩道のすぐ傍をスピードを上げて通過する車には特に注意する必要があったが、まだ三〇歳代だったわが身には、毎朝夕二〇分の徒歩は快適だった。

松本先生は上野毛の借家住まいで長男（洋さん）夫妻とご一緒だったが、アイハウス参与としてホテル部門の運営や宿泊者の接遇アドバイスなどにイギリス仕込みの知識と経験で貴重な貢献をされた花子夫人に先立たれたのはこの上野毛時代であった。先生は昼食後に必ずシエスタ（午睡）を取る習慣を長く続けていたので、仮事務所の理事長室の片隅に簡易ベッドを置き、カーテンで仕切った小さいスペースで仮眠を取り、午後三時過ぎには来訪者との面談や募金活動に動き回るという日々が続いた。先生のランチはいつもアイハウスの食堂だったので、仮事務所時代には、理事長特別補佐の加固さんが西麻布に適当なビストロを見つけて先生を案内した。私も陪席させていただくことが少なくなかった。たまにはソ連大使館近くの「狸穴そば」に行かれることもあった。福島の田舎育ちでそばが好物の私には、先生が「今日は狸穴にしよう」と言って誘ってくださったときはうれしかった。六本木ロアビル八階にあった小さなレストランにもよくご一緒した。七三～七四年のことである。

募金活動の成果と公的資金の導入

松本先生の奔走にもかかわらず募金活動は順調とはほど遠い展開だった。経団連の花村仁八郎事務総長（後に副会長を兼務）は、好意的な反応を示し、業界ごとの募金割り当て額表をつくり、経団連会長名（当時の会長は植村甲午郎氏）で募金協力を呼び掛ける文書を出していただいたが、その後は松本先生自身が大企業のトップと面談してフォローアップしなければならなかった。こうしたトップ会談では、「前向きに検討しましょう」で終わるのが通例で、寄付金額も含めた具体的成果に至るまでは何度も足を運ばなければならなかった。

募金運動を始めて半年ぐらい経過したある日の午後、松本先生は喜びをあらわにしながらオフィスに戻ってきた。「石橋のじいさまが二〇〇〇万円を確約してくれたよ」という松本先生の言葉を感激して聞いた記憶は今も鮮明によみがえる。この朗報に職員もみな元気付けられた。「石橋のじいさま」というのは、ブリヂストンタイヤの創業者石橋正二郎氏（1889～1976）である。アイハウスの真向かいに邸宅があり、石橋一族の多くもその周辺に住んでいた。松本先生は石橋美術館や石橋財団などの運営を通じて正二郎氏と親交があった。正二郎氏の三〇〇〇万円確約が好転のきっかけになり、会員に呼び掛けた一口一万円の個人寄付にも反応が見られるようになった。石橋正二郎氏からの寄付は、まさに"He gives twice who gives quickly"（迅速な寄付は額面の二倍にも相当する価値がある）を実証する例だったといえよう。

この頃、外務省からの補助金導入についても募金委員会や理事会で議論されていた。民間で行う文化交流の意義を常に重視してきた松本先生にとって、政府資金の導入はできるだけ避けたい選択肢であった。先生のこのような姿勢に対して、理事の中にはハードウエアに限った公的資金導入を積極的に唱える意見も出てきた。その一人が中山伊知郎氏であった。当時、中央労働委員会会長であった中山氏は、公的資金を民間の知恵で使うことはアイハウスにとって弊害をもたらすものではなく、むしろ活用すべきであると理事会で主張し、松本先生を説得した。また当時は、公的資金を含まない大規模民間募金には寄付金の免税措置扱いが簡単には認知されないという事情もあり、松本先生は中山氏の説得に応じざるを得なかった。他方、アイハウスの主務官庁である外務省はアイハウス増改築支援に積極的に動いていた。文化交流部長平岡千之氏（三島由紀夫氏の実弟）が外務省内の意見をまとめ、二年間で三億円の補助が内定したことを電話で直接松本先生に知らせてくれた。松本先生はこの「朗報」を複雑な思いで聞いたに違いない。公的資金の

坂西志保評議員（提供・暮しの手帖社）

導入によって一五億円募金活動が大きく前進する半面、外務省が人事や事業運営に口出しするようになりはしないかを懸念したからである。

松本先生は、常に資金の出どころに強くこだわった。それは、紐のつかない資金供与などはないという元ジャーナリストの本能的感覚でもあった。事実、潤沢な資金を有する国内のある財団への事業助成申請は決してしなかった。こうした松本先生の「潔癖主義」に対しては、もちろん批判する人々もいた。ロックフェラー財団の助成金はきれいな金で、日本の某財団の金は汚れているとどうして分別できるのかという批判である。この議論のルーツをたどれば、ロックフェラー財団の金ほど汚い金はないとも言えるかもしれない。そもそもフリーランチなどはなく、慈善は偽善と変わらないとする主張は、アメリカでは石油王ロックフェラーが巨大な富をつくり上げ、その一部をフィランソロピー事業に投じ始めて以来、いわゆる"Tainted Money"（汚れた金）をめぐる論争は今も盛んである。その議論については、拙著『ロックフェラー家と日本　日米交流をつむいだ人々』（岩波書店、二〇一五年）の中で詳しく触れた。

増改築工事は七五年末に完了し、仮事務所を閉鎖して翌七六年一月から新装の施設で事業が展開されるようになるが、一五億円募金は達成できず、三億円強の借金が残った。その返済には七年かかるが、幸い清水建設が示してくれた「あるとき払いの利息なし」という好意に助けられた。また、この大きな負債の処理には、坂西志保氏から遺贈された大磯市の土地・家屋の売却益八〇〇〇万円も投入された。増改築が完了した会館建物とその前に立って建物を見上げる松本先生の写真を七六年一月五日の毎日新聞が大きく取り上げたが、その記事は三億数千万円の借金が残ったことも報じている。坂西氏の遺言状は、その日付（一月一一日）から毎日新聞のこの記事を読んだ直後に書かれたものと推測されるが、その経緯については坂西氏追悼集『坂西志保さん』（国際文化会館編、一九七七年）で松本先生が詳しく書いている。坂西氏の遺言には、不動産の他に現金五〇〇〇万円を国際文化会館へ、一〇〇〇万円を殉職死した警察官の遺児教育のために（氏は長年国家公安委員を務めていた）、それぞれ寄付することが明記されており、遺言執行人によりその通りに実行された。この五〇〇〇万円は、「坂西記念基金」として基金化され、運用益は主に図書室の充実のために使われてきた。

仮事務所での出会い

仮事務所時代に出会った人々の中で忘れがたいのは、カロライン・又野・ヤン（Caroline Matano Yang）さんとカール・グリーン（Carl J. Green）さんの二人だ。仮事務所を探し当てて来訪する人々、特に松本先生に会いに来る海外からの人々や国内の古い友人などは少なくなかったが、この二人の来訪は強く印象に残り、また施設増改築後のアイハウスの事業拡充にもつながった。

日系米国人ヤンさんはフルブライト委員会（現・日米教育委員会）の事務局長就任あいさつに来られたのだが、それ以来、九八年に引退するまで彼女はアイハウスとの交わりを深め、さまざまな形でアイハウスに協力してくれた。彼女はフルブライト委員会の枠内にとどまらず、広く日米間の教育・文化交流事業全般に関心をもち、フルブライト奨学金支給対象に新しい分野を導入するなどの貢献もしている。

米国の大学では留学生受け入れに関わる専門職が存在し、その全国組織であるＮＡＦＳＡ（National Association of Foreign Student Advisors）もあるが、当時の日本は留学生受け入れではまだ後進国で、全国組織などは存在しないだけでなく専門職の認知度も低かった。ヤンさんは日本のこうした状況を改革することを目指し、国公立大学や私立大学で比較的留学生が多く、留学生の世話を専業にしている人々に働き掛けて米国の大学の留学生受け入れの実情を説明し、また彼らが共通の問題を語り合う定期的な機会をつくる推進力になった。そうしたヤンさんの熱意に日本の主要大学が協力の反応を示した結果誕生したのがＮＡＦＳＡの日本版ＪＡＦＳＡ（外国人留学生問題研究会）であり、この組織は現在では、全国のほぼ三〇〇校が加盟する「国際教育交流協議会」に発展している。

さらにヤンさんは、ＮＡＦＳＡの年次総会にＪＡＦＳＡのメンバーが参加する費用をフルブライト委員会事業に組み入れ予算化するなどの支援もしている。また逆にＮＡＦＳＡの代表団が日本視察旅行をするプログラムを米国フルブライト委員会に進言し、それも実現している。毎年、夏に来日するＮＡＦＳＡ代表グループの日程には、アイハウス訪問が含まれ、その対応は私にとって楽しい任務でもあった。ヤンさんはその優雅な姿からは想像しがたい気骨のある女性であった。フルブライト委員会の事業費を日米両国が同等に負担するようになった八〇年代半ばには、日本の官僚がフルブライト委員会の事業内容や事務局長人事に口をはさむようになるのではないかと懸念されたが、従来通りの独立性が維持されているのは、彼女のレガシーと言ってよい。ヤンさんは国際文化会館が大好きで、フルブライト委員会が主催する会議やフルブライターの歓送迎レセプションなどにアイハウスの施設を好んで使用し、「アイハウス」という国際文化会館の愛称を普及させた最大の功労者である。彼女は国際文化会館に言及するときには、必ず「アイハウス」と呼んだ。それまでは職員も含めてアイハウスという呼称はほとんど耳にすることはなかったが、ヤンさんのお蔭でいまや広く使われる会館のアイデンティティーを示す愛称として定着した。

新渡戸フェローシップの創設

グリーンさんとのアイハウスを通じての長い付き合いは、七三年にフォード財団が東京事務所を開設し、その代表に就任した彼が仮事務所を訪ねて来られたことから始まった。

彼は六一年にライシャワー駐日米国大使の紹介で松本先生の知遇を得ていたので、東京事務所開設のあいさつのために訪問されたのである。そしてフォード財団が日本で果たすべき役割などについて松本先生の助言を求めて頻繁に姿を見せるようになる。彼は私とほぼ同世代であったこ

フォード財団カール・グリーン東京事務所長（『国際文化会館55年史』〈英文〉より）

ともあり、すぐに親しくなった。仮事務所には、東京大学の現役教授で会館の専務理事に就任して間もない前田陽一先生も定期的に姿を見せていたのでフォード財団の役割についての相談にも加わった。その中から生まれたのが新規事業「社会科学国際フェローシップ（通称新渡戸フェローシップ）」制度である。フォード財団と創設間もないトヨタ財団が今後一〇年間それぞれ一〇〇万ドルの助成金を出して新渡戸稲造をロールモデルにした社会科学者一〇〇名の育成を目指すこのフェローシップについては、『新しい時代の国際知的交流を求めて：社会科学国際フェローシップ、その成果・課題・展望』（国際文化会館、二〇〇八年）に寄せた「新渡戸フェローシップ創設の頃を顧みて」に詳述したのでここでは深入りせず、グリーンさんが果たした役割に少し言及するにとどめる。

グリーンさんは、アイハウスがフォード財団本部に正式に助成申請書を提出する前に、米国の主要大学を歴訪して新設するフェローシップ制度についての反応を調べておきたいということで、私も同行してほぼ二週間かけて、コロンビア、イェール、ハーバード、ミシガン、スタンフォード、カリフォルニア（バークリー校）などを歴訪した。それぞれの反応をフェローシップの運営に反映させるためであった。共にニューヨークに拠点を置く社会科学評議会（Social Science Research Council, SSRC）や学術団体評議会（American Council of Learned Societies, ACLS）も同じ目的で訪問した。私の旅費については、フォード財団が負担してくれたが、グリーンさんが渡してくれた財団経理部に対する私宛ての支払い依頼書を見ると支払い項目は、短期コンサルティング料となっていた。後にも先にもコンサルティング料をいただいたのは生涯の中でこの時だけである。グリーンさんが、自分の予算の一部に組み入れておいてくれたのだ。

他の主要財団でも同じだと思われるが、財団スタッフが勧告する大型プロジェクトの採否を正式承認する前に、グラント（助成金）を受ける側を財団の上層部が面接する習わしがあり、私はグリーンさんの直属上司に当たるアジア担当者に「面接試験」をされることになった。どんなことを聞かれ、どんな受け答えをすべきかについて、グリーンさんは懇切に事前指導をしてくれた。この面接をしたのはピーター・ガイトナー（Peter Geithner）氏であった。ちなみに、彼の息子は後に駐日米国大使館の財務官として勤務し、オバマ政権で財務長官を務めたティモシー・ガイトナー氏である。フォード財団からのグラント承認書簡が届いたのは、増改築を終えた新しい施設に戻って間もない頃であった。三ページのグラント・レターには、目的や支払い方法などに加え、人種、宗教、ジェンダーなどによる差別をしてはならないことなど“Terms and Conditions”が詳述されてあった。

新渡戸フェロー第一期生として選ばれた七名のうち六名が二年間の海外研修へ旅立ったのは、七六年の夏から秋へかけての時期であった。この年に出発しなければ年齢的に失格になるはずだった西部邁《すすむ》（東京大学教養学部助教授）さんを、例外扱い（原則は出発時に満三五歳未満）にし出発延期を認めた。それは彼が所属する学内の学生部長の要職に就任したばかりであったことと、このフェローシップが受給されなければ彼は生涯海外で研究する機会はないだろうという前田陽一先生の強い主張を容れた結果であった。西部さんが学生部長の任務を終えてカリフォルニア大学（バークリー校）へ行ったのは、三七歳のときであり、そこでの体験については『蜃気楼の中へ――遅ればせのアメリカ体験』（日本評論社、一九七九年）に詳しい。かつては過激な学生運動家であった西部邁さんは、晩年は保守派の論客として知られたが、最後は、自らの意志で死を選ばれた（二〇一八年）のは残念だ。

フォード財団の助成条件には、五年後に中間報告書を提出することが義務付けられていたので、五年次終了前年から報告書のとりまとめを、選考委員、帰国フェロー、SSRC／ACLSの日本研究合同委員会のロナルド・アクア（Ronald Aqua）さんらの協力を得て準備し、ほぼ二〇ページに及ぶ中間報告書をフェローシップ支給者名（三五名）、発表論文リスト、国際学会への参加歴などの資料も添付して提出した。この報告書に対してフォード財団から意外な反応があった。三五名のフェローの中に女性が一人もいないことを指摘し、改善の必要を強く示唆したのである。この批判に、私は応募や選考過程には性差別はない事実を述べた後、にもかかわらず女性応募者がいないためにこのような結果になったと釈明した。

しかし、結果主義にこだわるフォード側は、女性応募者がいないのであれば、応募者を探すのがプロジェクト運営者の任務だとして、私の弁明は受け入れられなかった。幸いアイハウスの理事・評議員には女性もいたので、その一人である中根千枝先生（東京大学社会人類学教授）に相談して女性応募者を増やす対策を練った。慶応大学の佐々波楊子教授（経済学）、岩男寿美子教

ケネディ大統領時代の国務次官補 チェスター・ボールズ（Chester B. Bowles）氏（右）と斎藤眞東京大学教授（1962年）（『国際文化会館の歩み』より）

授（社会心理学）らにも知恵を絞っていただいた。その結果、女性応募者については年齢制限を撤廃することにした。それでも、女性応募者がすぐに増えることにはつながらず、女性最初のフェロー二名が選ばれたのは、八二年度派遣フェローからであった。この初の女性新渡戸フェロー二名の一人が、当時、平安女学院短期大学の専任講師（社会学）をしていた上野千鶴子（現東京大学名誉教授）さんである。新渡戸フェローシップは所期の目標一〇〇名に達した後も継続され、二〇〇七年に終結するまでにフェロー総数は一七〇名になり、女性フェローも三五名に達している。

新渡戸フェローシップ運営方針の修正・改善は選考委員会からも求められた。選考委員の一人として最初からこの人材養成プロジェクトに加わっていた斎藤眞（東京大学教授、アメリカ政治・外交史）さんからの提案によるものであった。フェローの多くが東京大学法学部所属かその出身であることを指摘されて、フェローの専門分野や所属機関が特定大学に集中するのは望ましくないのでそれを是正していくことも配慮してフェローを選考するという方針を提案されたのである。他の選考委員も斎藤提案に異存はなく、八〇年ごろからはこの基本方針を尊重して選考が行われるようになった。いわゆるアファーマティブアクションである。

他方、トヨタ財団からは、特別な注文は出なかったが、林雄二郎専務理事は、暗に発展途上国で研究するフェローを増やしてほしいという要望を示唆され、それも選考結果に反映するよう選考委員会に伝えるなど、資金の出所先に対する気遣いは常にあった。フォード財団からの一〇〇万ドルとトヨタ財団からの二億三〇〇〇万円（当時の為替レートで一〇〇万ドル相当）の助成金を使い果たしても目標の一〇〇名の達成は困難であることが、フェローシップ支給を始めた数年後には明白になり、両財団に約束した目標を達成するには他の支援資金源を探さなければならなかった。両財団との合意には、フォードとトヨタの助成金だけで事業目標達成ができない場合は、他の資金源を自助努力によって調達することが含まれていたからである。しかし、既存のプロジェクトを継続するための支援資金源を探すのは、新規事業助成資金を探すよりはるかに困難であった。それでも当時設立後まだ日が浅く、人物交流の基本方針を検討中だった特殊法人（現独立行政法人）国際交流基金の小山田隆専務理事に協力を要請し、五年間に一〇名のフェロー派遣費を負担していただける道が開かれた。

「日米友好基金」（沖縄返還に際して日本政府が米国政府に支払った金額を原資に米国政府が創設した基金）も米国へ派遣するフェローに限り一〇名分の助成を約束してくれた。公的資金の性格の強いこの両基金からの支援が得られるようになったことから、次は民間資金導入の努力もすべきだと判断して、国内の民間財団や企業に対しても協力を求めて奔走した。その結果、日本アイ・ビー・エム株式会社、モービル石油株式会社、大和日英基金などからの支援が順次決まった。新渡戸稲造の故郷盛岡市の岩手日報や新渡戸の著作を多く出版した実業之日本社なども訪問し、限定的ではあったが、それぞれから「応分の」支援約束を得ることができた。かつて松本先生がベイリーさんに吐露した「プロフェッショナル・ベガー」の意味を実感しながら動き回った当時の苦労も、新渡戸フェローシップが輩出した人々のリストを今改めて眺めると報われて余りある感慨に襲われる。

新渡戸フェローシップについては、資金調達の苦労の他にも思い出されることが多々ある。その一つは、エレノア・ジョーデン（Eleanor H. Jorden）教授に委嘱して新渡戸フェローシップに限らず、英語圏で長期研修・研究をする若手学者のための「特別英語訓練プログラム」（Special English Language Program、以下SPENG）を開発していただいたことである。ジョーデン教授は、AP通信とニューヨーク・タイムズ紙の記者として来日した夫と共に四九年から五五年まで日本に滞在したが、その間に米大使館員のための日本語教育訓練に携わり、日本語教育の第一人者として名声を確立していた言語学者である。イェール大学で博士号を取得した後、コーネル大学でアジア言語の研究と教育に業績を重ね、特に学生が一年間日本語習得に専念するカリキュラムを導入し、日本語学習は話し言葉から始めて読み書き能力へつなげるのが効果的である

エレノア・ジョーデン教授（『国際文化会館55年史』〈英文〉より）

ことを実証した「ジョーデン・メソッド」とそのテキストブックを開発するなど多くの日本研究者の育成に貢献している。

比較文化論についても研究していたジョーデン教授は、日本人の英語能力向上に何が必要かという問題にも精通していた。そのジョーデン教授が、新渡戸フェローシップに限らずフルブライト委員会やＡＣＬＳ、ＳＳＲＣなど他の機関による奨学金を得て英語圏に長期滞在する研究者のためにＳＰＥＮＧを開発し、そのプログラムをコーネル大学で実施してくれたのである。このプログラムでは、単に英語を話す能力だけではなく、英語圏社会への適応能力、さらに社会慣習や「タブー」などについても受講者が多くを学ぶことができた。

八一年夏に実施された第一回ＳＰＥＮＧには十数名が参加し、以来、ジョーデン教授がコーネルを引退された後も会場を彼女の母校ブリンマー大学（Bryn Mawr College）などに移して二〇年以上にわたって続けられ、受講者の間でも好評だった。コーネル大学のあるニューヨーク州西北部イサカの近郊には大きな空港がなく、ＪＦＫ空港からはペンシルと呼ばれていた超小型機に乗るか陸路をとるかの選択をしなければならない。そのために、ＪＦＫ空港でうろうろしている隙を狙われてパスポートや財布を巧妙なスリに取られてしまう参加者もあり、ジョーデンさんを心配させることも一度ならずあった。晩年のジョーデン教授が来日した際には、ＳＰＥＮＧ参加者たちがアイハウスに集まり「ジョーデン先生に感謝する会」を開いている。ちなみに、彼女は八五年に国際交流基金賞を受賞している。

新渡戸フェローシップについては、松本先生も特別な思いを寄せ、フェローたちが出発する前には激励する機会をつくった。八一年度派遣フェロー北岡伸一さん（現・国際協力機構理事長）は、松本先生の激励を受けたときのエピソードを次のように紹介している。

一九七六年から続いていた国際文化会館の社会科学国際フェローシップ、通称、新渡戸フェローシップが、昨年で終わってしまった。残念なことである。

これは、社会科学の分野の若手大学講師・助教授クラスで、まだ本格的な留学をしたことのない人を中心に、二年間留学させてくれるものだった。ドル建てだったので、当初はかなりの金額だったし、円高になっても、二年間というのは魅力だった。私は八一年から二年間、お世話になった。

新渡戸フェローシップの中心は、松本重治先生だった。新しいフェローを集めた会合で、先生が、「おはよう、は英語で何と言いますか」と尋ねられた。「グッド・モーニング」ではないでしょうか、と誰かが恐る恐る答えた。「そうですね、では、おはようございます、はなんと言いますか」と言われて、みんな困ってしまった。正解は、「グッド・モーニング、ミスター・○○」である。

また、外国では図書館と自宅を往復するだけでなく、よい友人を作りなさいとか、新渡戸稲造先生に、「センス・オブ・プロポーション」の重要性を教わったとか、そういう話も聞かされた。要するに、専門の枠に閉じこもるのではなく、社交の精神を重視して、広く外国を学び、溶け込んできてほしいということであった。そこに、新渡戸の個性が明確に刻み込まれていた。

今日、奨学金はいろいろあるが、詳細な研究計画をもとに、客観的な基準で選抜が行われるものがほとんどだ。それももちろん大事だが、見どころのある若者を選んで、好きなことをして来い、というようなおおらかなものは少なくなった。それはちょっと残念なことのように思う（『日本経済新聞』、二〇〇九年九月一七日夕刊、「あすへの話題」）。

新渡戸稲造の書　晴耕雨讀（『国際文化会館の歩み』より）

新渡戸フェローシップとの関連で付記しておきたいのは、アイハウス図書室の一番奥の壁面に掛けてある新渡戸の揮毫「晴耕雨讀」についてである。新渡戸は能筆家で方々に揮毫を残しているが、英語だけか英語と日本語を併記したものが多く、この「晴耕雨讀」のように漢字だけで書いたものは珍しい。新渡戸が第一高等学校校長時代に筆をとったものであるが、戦後に東京大学の駒場キャンパスの倉庫に放置されているのを発見した新渡戸の門下生北岡寿逸（前述の伸一氏の大叔父にあたり、国際労働機関ＩＬＯ日本政府代表や東京大学教授などを歴任した）氏から、前田陽一先生を通じて第一次増改築が完了して間もなくアイハウスでの保管を依頼されたものである。

第七章　世代交代

ポスト松本時代への移行

いかなる組織や制度にもリーダー交代の時は必ずやって来る。リーダーの交代は、不可避であるだけではなく、組織の健全な発展のためには望ましくもある。いかに優れたリーダーでも、長過ぎるとさまざまな問題が出てくるのは世の常である。アイハウスの場合ももちろん例外ではない。事実、松本先生は七〇年代から後継指導者の問題を意識し始めるが、それはアイハウス創設の盟友ジョン・ロックフェラー三世（ＪＤＲ）とこの時期に交わした会話や書簡からもうかがえる。

ポスト松本時代のリーダー問題に特に関心の強かったジョンが、松本先生の後継者として希望していたのは宮澤喜一（衆議院議員）氏であった。そしてそのことは宮澤氏もよく知っていた。しかし国家の宰相を目指す宮澤氏にとってもまたそれをよく知る松本先生にとっても宮澤後継者論は、ＪＤＲの片思いにすぎなかった。しかも松本先生は、政治家と官僚ＯＢはアイハウスのリーダーにはしたくないという信条を誇りにしていたようだった。かといって宮澤氏以外の候補者を考えて誰かに話を持ちかけることもなかった。

宮澤喜一氏（国際文化会館40周年記念祝賀会スピーチ、国際文化会館提供）

後継リーダーについては、松本先生もＪＤＲの意にかないそうな候補者リストを用意して機会をみて話し合うことを約束していたが、一九七八年七月、ＪＤＲが不慮の交通事故で急逝し、その機会は永遠に失われてしまった。松本先生はジョンの急逝を悼む半面、後継者問題についてＪＤＲからせかされることもなくなり、問題は先送りされた感があった。

後継リーダーについては、さかのぼれば創設時からすでに先生の意識にはあったはずである。樺山愛輔翁が初代理事長に就任したのは、八〇歳を過ぎてからであり、大磯に住みながら毎日東京に出てきて日米協会、グルー基金、国際文化振興会などで幾つもの要職をこなすほど健康であったとはいえ、いずれ理事長交代が必要であることは関係者すべてが考えていたはずである。しかし、理事長交代が理事会での議題として取り上げられることはなかった。樺山翁は国際文化会館施設が竣工するのを待たずに五三年に八八歳で他界されたが、不思議なことに、後任理事長はその後六五年まで空席のままだった。もちろん実質上は、松本専務理事が理事長役も果たしていたものの、定款で定められた理事長が不在の時代が一〇年以上も続いても、主務官庁からの指導もなければ、理事会で新理事長の選任が発議されることもなかったのは不自然であった。考えられるのは、松本先生の樺山翁に対する畏敬の念が強過ぎ、樺山翁の後をすぐに継ぐのをためらっている間に一〇年以上が過ぎてしまったというのが実情だったのだろうということだけだ。

松本先生は、ようやく六五年三月の理事会に理事長選任の件を議題として上程し、全会一致で理事長に選任されているが、従来通り専務理事も兼任し続けている。理事長が専務理事を兼任する慣例を廃止し、東京大学の現役教授時代から研究参与、評議員を務めていた前田陽一先生が専務理事に専任されたのは七年後の七二年である。しかし、前田先生は、フランス哲学、思想史、特にパスカル研究の世界的な第一人者であり、小さな国際交流組織の運営に専念するタイプではなく、財務を含む事実上の専務理事の仕事は、七一年に選任された常務理事田辺龍郎さんが総務部長を兼任して担った。田辺さんは、職員管理職から役員に選任された最初の例であり、その後前田先生の後を継いで八八年から九二年まで専務理事としてアイハウス運営に誠実に専念し、多難な時代に対応した。田辺さんが常務理事に就任した九年後の八〇年、今度は私が職員からの抜擢第二号として常務理事に選任された。松本先生の配慮によるも

国際文化会館初代理事長樺山愛輔氏（左）と松本重治初代専務理事（1953年、『国際文化会館55年史』〈英文〉より）

前田陽一専務理事（『国際文化会館55年史』〈英文〉より）

田辺龍郎常務理事（国際文化会館提供）

のであったことは間違いないが、なぜ私を企画部長兼務の常務理事に引き上げたのかは不明だった。推測されたのは、当時、前田陽一先生が、前立腺がんであることが判明したため、企画部の統括責任者に役員資格を与えておく必要があると松本先生が判断されたからであろうということだった。この推測が正しかったことについては、後に両先生と田辺さんから聞いた。

私が常務理事に昇格したため、八〇年代の前半は、理事長、専務理事、常務理事三名（他の一名の常務理事は法人維持会員担当の豊田治助さん、旧同盟通信社出身）の体制で、職員総数が一〇〇名ほどの組織としては、頭でっかちな体制であった（八五年に豊田常務理事は、高齢のため辞任している）。

松本先生は、八九年の一月一〇日、昭和天皇の後を追うかのように他界するが、それまでは健康に恵まれ、アイハウス施設内に長男家族と一緒に住んで理事長職にとどまり続けた。その結果、先生の存在は、文字通りアイハウスそのものの象徴となった。それは先生がアイハウスの傑出したリーダーとしての資質、能力そして意欲などすべて兼備していたことを示しているだけではなく、創設後の半世紀間のアイハウスが歴史的役割を果たし得たのは、松本先生の存在があったからであることも物語っている。

松本先生がアイハウスそのものと同一視されるようになったのは、卓越したリーダーとして長期にわたって在任したためだけでは必ずしもない。国際交流の先達樺山翁を担ぎ上げて実質的には松本先生がすべてを取り仕切った事業を支援した人々の中には、最初からその事業自体と先生の不可分性を見抜いていた人々もいた。その一人は、戦前に米議会図書館で日本課長を務め、戦後は評論家、翻訳家、国家公安委員会委員などとして活躍し、アイハウス創設時の唯一の女性評議員であった坂西志保氏である。彼女はアイハウスを「マッツモト・アンド・カンパニー」と呼び、松本重治一代限りのいわば「個人商店」と見なしていたのだ。

他方、リーダーと組織の関係には、リーダーと組織のアイデンティティーに関わる別の問題もある。リーダーがいかに優れた資質、能力、ビジョン、意欲を備えていても、在任する期間が長過ぎると、組織が新しい環境の変化に対応しあるいは変化を先導する挑戦者的な役割を果たすことが困難になることである。晩年の松本先生が、この問題を意識していたのは前述の通りである。JDRと交わした後継者をめぐる書簡でJDRが具体的な有力候補として推挙した宮澤氏は、若手国際派衆議院議員として台頭し、最終的には首相の地位にも到達した（九一年一一月）。私は、九〇年にアスペン人文研究所の四〇周年記念国際シンポジウムに招かれた宮澤氏と現地で歓談する機会がありJDRの昔話をすると、宮澤氏はJDRの意図をよく覚えておられ、「そんなこともありましたな」と笑って語っていたことが思い出される。

前田陽一専務理事の役割

一般的には、松本先生が後半生をかけて築き上げたアイハウスの理事長職は、外部から見ればプレステージの高いポストで、やりたい人は自薦他薦も含め多数存在した。松本先生が後継者と期待した前田先生は、第二次世界大戦末期に、現地採用（パリ）の外交官として苦労した経験があり、戦後は東京大学に教養学部を創設するのに奔走するなど行政とは無縁ではなかったものの、主たる関心は学問であり、研究に徹することであった。しかし、松本先生が八〇歳を超えた高齢になっても理事長職にとどまり、さらには長男を常勤役員に加えることを示唆し始めると、前田先生は真正面から決然として先生をたしなめ、「そんなことをしたらどこかの国の独裁者と同じですよ」と理事会で堂々と発言されたこともあった。他方、前田先生自身はアイハウスの運営に積極的な姿勢を示すことはなく、専務理事職にありながら都立中央図書館館長（八一～八七年）を週二回出勤の条件で引き受けている。前田先生のアイハウスに対する貢献は、財務や労務管理も含む運営責任者としてではなく、アイハウスが海外との知的交流の拠点としての存在感を高めるのに寄与したことに求めるべきであろう。

前田先生は、幼少時から新渡戸稲造の薫陶に浴していたことから、新渡戸レガシーをアイハウスが引き継ぐ役割を果たし、また東大教養学部出身の俊英たちをアイハウスのさまざまなプログラム活動に引き込むことなどを常に心掛けていた。都立中央図書館館長を兼務していた時代には、日米知的交流委員会（前田先生はこの委員会の最後の委員長を務めた）の招聘で来日したウォーカー・アート・センター（Walker Art Center, Minneapolis）館長マーティン・フリードマン（Martin Friedman）夫妻を中央図書館に招いて同館が誇る貴重な江戸時代の東京の古地図を紹介している。この古地図を見て触発されたフリードマン氏は、数年後に「東京：その形と心——過去、現在、未来」をテーマにした大規模な米国内巡回展を開催している。この展示会の企画には、槇文彦、安藤忠雄、伊東豊雄、横尾忠則、磯崎新氏ら現代日本の代表的建築家、デザイナー、美術家たちが参加して展示作品の制作に協力している。ミネアポリスでの展示会オープニングには、松永信雄駐米大使も駆けつけてくれた。

前田先生は天性の明るい性格の楽天家で、そして話し好きだった。だが専務理事としてアイハウスの日常運営を直接指示することはほとんどなく、権限委譲主義に徹した。他方、プログラム活動には常に意を配り、アイハウスにふさわしいものと手を出すべきではないものとを厳しく峻別された。前述したように、私が企画部長として取り組んだ最初の大型プロジェクト「社会科学国際フェローシップ（新渡戸フェローシップ）」創設に前田先生は強い関心を示し、「責任は自分が取るから、失敗を恐れずやりたいことを大胆に進めなさい」と激励してくださったことは忘れがたい。

マーティン・フリードマン氏（『国際文化会館55年史』〈英文〉より）

すでに触れたようにこの計画では、フォード財団と当時創設間もないトヨタ財団から今後一〇年間にそれぞれ一〇〇万ドルの助成金を導入して国際的な発信力と行動力を兼ね備えた次世代の社会科学者一〇〇名を育成することを目指し、二年間の海外研修機会を提供することであった。フォード財団との交渉は、同財団の東京事務所長として赴任したばかりのカール・グリーンさんを通じてスムーズに進んだが、トヨタ財団の林雄二郎専務理事は、慎重でなかなか話が進まない状態がしばらく続いた。

この状況を前田先生に報告すると、先生はすぐに林氏に電話をかけて「自動車に関係深い日米の財団が協力する事業は面白いじゃないですか。是非助成していただきたい」といつもの早口で頼んでくれた。前田先生も林氏も共にフランス政府給費留学生だった時代があり、二人が旧知の間柄であるのを私はそのときまで知らなかった。前田先生の説得を林氏は受け入れ、トヨタ財団もフォード財団と同額の助成を決定した。派遣期間を二年間にしたのも若い時代の国際体験はできるだけ長い期間が望ましいという前田先生自身の体験に基づく主張を取り入れたからであった。

前田先生の晩年は、前立腺がんやヘルペス（帯状疱疹）との戦いが続いたが、もって生まれた明るさとユーモアは変わることなく、ライフワークの『パスカル「パンセ」註解』に専念しながら、松本先生の後の理事長を引き継ぐ心づもりであったと思われる。しかし、松本先生より一回り若い前田先生の方が二年先に（八七年）他界されてしまった。

新理事長に永井道雄氏が就任

後継者問題について、遠慮なく直言する前田先生の喪失を松本先生がどのように感じたかは分からないが、後任理事長問題を自ら切り出すことはなかった。すでに触れたようにアイハウス創設と発展については盟友ＪＤＲが、七〇年代半ばにすでに後継リーダーに関して松本先生に陰になり日向になり準備を促し具体的な候補者を挙げることさえあったが、先生自身が誰か特定の人物の名を挙げることは最後までなかった。松本先生が現職理事長のまま八九年に亡くなると、後任理事長選任は火急の問題となり、有力理事たちの間でポスト松本を誰が引き継ぐべきかが堰を切ったように論じられ始まる。

晩年の松本先生はアイハウスの運営に関する重要な決定をする際にはあらかじめ主だった理事の意見を打診して了解を取り付けていたので、理事会での意思決定で、意見対立するような状況が生じることはなかった。しかし、草創期から松本先生を支えてきた評議員や理事のほとんどは松本先生より早く他界してしまったので、当時松本先生が信頼して後事を託せると考えていた理事となると、その数は極めて限られていた。中山素平（日本興業銀行相談役）、大来佐武郎（元外務大臣）、永井道雄（元文部大臣）、斎藤眞（東京大学名誉教授）、本間長世（東京大学名誉教授）氏らである。

永井道雄理事長（『国際文化会館55年史』〈英文〉より）

後任理事長問題にいち早く動いたのは、中山氏と永井氏だった。中山氏はアイハウスの財政問題について松本先生が最も頼りにしていた財界人で、青山斎場で行われた先生の国際文化会館葬で弔辞を読むほど松本先生とは親密な関係にあった。他方、永井先生は京都大学助教授時代から松本先生と付き合いがあり、先生が高く評価していた知識人の一人であった。オハイオ州立大学で博士号（教育社会学）を取得した永井先生は、アイハウス草創期の主要プログラムであった「日米民間人会議」や「日米知的交流計画」にも参加しており、アイハウスの目的や理念をよく理解していた。また永井先生は、戦後いち早く鶴見俊輔、武田清子、丸山真男氏らが発刊した雑誌『思想の科学』とのつながりも深く、松本先生同様、リベラル派にも保守派にも幅広い人脈を持っていた。当時の永井先生は、朝日新聞の客員論説委員や国連大学学長特別顧問などを務めていて、アイハウスにも頻繁に出入りし、松本先生と長談義をすることも少なくなかった。したがって、松本先生の衣鉢を継ぐのは自分だとひそかに自負していただけでなく、あえて松本先生にもその意を直接伝えていたと思われる。永井先生は、まず中山氏や大来氏と接触して、両者から後任理事長に推挙するという賛意を確認しているが、特に中山氏は積極的に永井先生を推した。こうした事前の根回しがあり、また永井先生に対立する候補者も出なかったため、永井先生は理事会で正式に理事長に選任されることになった。

永井先生は、松本先生がアイハウスの最上階にあった「理事長公舎」に住んでいたので、ご自分もそこに住むようになるのだと思われていたらしく、「いつ引っ越しをしましょうか」と事務局に打診があった。「理事長公舎」は、増改築の設計をした前川國男氏が高齢の松本先生のために特別な配慮をした贅沢な居住空間で、ポスト松本の理事長が住むことは想定していなかったので、その旨を説明すると永井先生も納得された。永井先生はアイハウスの事業を活性化させたいという強い意志をもって理事長に就任し、松本時代に手掛けなかった分野のプログラムの導入には熱心だったが、逼迫していた財政問題は認識していなかったようだ。理事長専用車を維持することもすでに大きな負担になっていたが、自ら廃止を言い出されることはなかった。これは、晩年の前田専務理事が、病身にもかかわらずタクシー券を受け取ることさえ固辞されたのとは対照的であった。

永井新理事長が強い関心を示したのは、韓国との人物交流事業を始めることであった。『「縮み」志向の日本人』の著者として知られる李御寧氏の招聘から出発したが、この日韓交流は日本人を韓国へ派遣する段階までには至らずに終わった。次に永井理事長が進めようとしたのは、イスラム世界との交流であった。アイハウスがこの分野で何をすべきかを、イスラム専門家を招いて数回にわたり議論しているが、具体的な事業にまで発展することはなく終わっている。

他方、逼迫する財政問題について次第に意識されるようになり、八九年に認可された「特定公益増進法人」（現在の公益法人に相当する）の資格（税制優遇される寄付を受け入れられる資格）を活用して「国際交流活動強化基金」と「松本重治記念基金」を設ける募金活動に乗り出した。前者は一〇億円、後者は三億円を目標に掲げ、広く個人会員や財界に呼び掛けたが、いずれも期待した額からはほど遠いものに終わった。常勤役員人事についても永井先生は動いた。前田先生とは違い、財団法人の役員構成が世襲的になることへの拒否反応のない永井先生は、前述した前田先生の理事会での直言の事実など知る由もなかった。そして、すでに非常勤理事に選任されていた松本先生の長男洋さんを常勤理事に登用することが、後継理事長として当を得た判断だと考えられたようだ。当時、洋氏は国際協力推進協会の専務理事であったが、かねがねアイハウスの常勤理事職に就くことを望んでおられたと仄聞していた。その希望を永井先生が知っていたのか、あるいは洋さんが永井先生に「直訴」したのかは分からないが、永井先生は理事長就任後、独断で国際協力推進協会の大河原良雄会長を訪問し、洋さんをアイハウスの常勤理事に迎えたいとの意向を伝え了承を得ている。洋さんは亡き松本先生の念願であったアイハウスの役員ポストに就き、とりあえず財務と労務を担当することになった。

このように、永井先生は新理事長として新しいことに挑む意欲は旺盛だったが、松本先生のようにアイハウスを率いる仕事に専念したわけではなかった。朝日新聞には定期的に長いコラムを書き続け、また地方での講演なども雄弁でならした戦前の政治家永井柳太郎代議士の子息らしく気軽に引き受けた。加えて九〇年には、当時大きな社会問題であった脳死の判定や臓器移植をめぐる問題を審議して政府当局への答申案をまとめるいわゆる「脳死臨調」（正式名は「臨時脳死及び臓器移植調査委員会」）の座長を引き受けられた。脳死臨調は二年間で答申案をまとめることを任務とされていたので、さまざまな意見のある問題に統一した見解を示すべく一五名で構成された委員会は定期的に会合を開き、長時間をかけて集中審議を積み重ねた上で答申案をまとめ上げなければならなかった。座長にとっては精神的にも肉体的にも負担の重い任務であった。

永井先生が座長を引き受ける意向であるのを知った田辺専務理事は、強く翻意を促したが、理事長は聞く耳を持たなかった。幸いにして座長代理を務めた森亘氏（元東京大学総長）が、実質的なまとめ役を果たしてくれたので、九二年一月に脳死移植を認める答申書を宮澤首相に提出することができた。しかし、それまでの二年間、永井理事長が時間と精力を投入してアイハウスが直面している問題に本気で取り組む余裕はなく、専ら「脳死臨調」の仕事に終始した。それはアイハウスにとっては不幸なことであった。組織が困難な諸問題を抱えているときに、トップリーダーが実質的に不在であるような状態では、問題解決への前進は期待できないからである。

九二年には、八八年以来専務理事として永井体制を支えてきた田辺龍郎氏が、職員に適用される六五歳定年制は、常勤理事職にも適用すべきだとする持論を自ら実践して辞任された。後任に永井理事長は松本洋さんを選び、私に了承を求めた。永井先生が、会館歴の長い私ではなく洋さんを専務理事に選んだのは、彼が私より六歳年長であるからだと私に説明したが、それだけではなく創業家に対する忖度もあったのだと思う。理事長の判断と選択に異を唱える立場にない私は、永井人事を了承し、プログラム担当常務理事を続けることになった。

第八章　リニューアル

逼迫する財政

新しく専務理事に選任された洋氏は、早稲田の建築科出身であるだけに、会館施設の老朽化が進む問題に積極的に取り組み始め、また財政再建についても逼迫感を強く認識していた。アイハウスの財政は、図書室の維持を含むプログラム活動や会員、総務などに関わる「一般会計」とレストランやホテル部門の維持管理の「特別会計」から成り、前者は会費、財団助成金、寄付金および基金運用益などで賄う年間予算ほぼ五億円で推移していたが、後者は客室料金とレストランや宴会の売り上げ収入（両方合わせて年間ほぼ一〇億円前後）に専ら依存していた。「特別会計」の赤字化は、松本先生が死去された一九八九年にすでに始まっていたが、当初は赤字額はまだ小さく、それまで積み立ててきた繰越金を当てて決算処理をしてきた。しかし、赤字幅は年ごとに拡大し、余裕のあった一般会計部門から特別会計部門へ貸し出しする年もあった。加えて、施設の改修費支出も発生した。九四年には繰越金も底を尽き、特別会計は九五年以降、

嘉治元郎理事長（『国際文化会館55年史』〈英文〉より）

松本洋専務理事（国際文化会館提供）

毎年ほぼ五〇〇〇万円の赤字決算が常態化する状態に陥った。こうした窮境から脱出する方策として、松本専務理事は、年間二〇〇万円の寄付を五年間継続してくれる企業二〇社を組織化する「国際文化会館支援グループ」を立ち上げることに奔走し、九六年から二〇〇三年までの間に一億七〇〇〇万円を調達し、大規模改修費などを賄った。

永井氏はこうした財政緊急事態を手をこまぬいて傍観していたわけでは決してなかった。数少ない財界の友人小山五郎三井銀行相談役の助言を求め、同氏の推薦で企業の財政再建に経験の深い専門家を特別顧問に招き、上級職員として財政の現状分析と再生の手段・方法を検討してもらった。しかし、妙案はなく、創立時からアイハウスのメーンバンク的存在であった第一勧業銀行（現・みずほ銀行）も金融支援には否定的であった。アイハウスが直面したこのような苦境の中で健康問題を抱えた永井先生は、二期目の任期満了時に退任した。その後の理事長選出については、理事会で理事長選考委員会を設置し透明性のある選任プロセスで候補者を絞るべきであることが決議され、大来佐武郎、斎藤眞、緒方四十郎氏らが中心になって検討された結果、第三代理事長に選任されたのは、嘉治元郎（東京大学名誉教授）氏であった。

当時、嘉治先生は放送大学学長職にあったので、その任期が満了するまでの一年間はアイハウスの理事長職と兼務することになり、理事会もそれを了承して嘉治先生を選出したのであった。嘉治先生は、七九年以来監事としてアイハウスの運営に関わっていたので、アイハウスの財政状況については精通していたはずであり、新しい理事長に期待される任務の重さも十分承知していたはずである。嘉治先生は高木先生や松本先生が設立したアメリカ学会の会長を務めたこともあり、また東京大学時代には経済学部長や副学長も務めるなど、行政手腕にもすぐれていた。しかし、放送大学を離れてアイハウス理事長職に専念できるようになっても、前任者から引き継いだアイハウス財政状態の改善に果敢に取り組む意欲は見せず、自らに期待される任務の重大さについてどれほど自覚されていたのかも私には分からなかった。

財務委員会や施設老朽化対策会議などを開いても、理事長としての意見や希望を述べることはほとんどなく、ただ「皆さんにお任せしますので、よろしく」を繰り返すことが多かった。それは理事長としての責任感の不足というよりは、施設改修を含む財政問題がもはや理事長個人の意思や決断を超えた次元へ拡大してしまっていたことを認識していたためだったのだろう。嘉治理事長の「お任せします」という姿勢は、私が担当常務理事であったプログラム活動に関しても同様だった。永井先生はポスト松本時代のアイハウスの事業に関しては、アジアとの関わりを深めていくという基本姿勢を示し、その実行にも自らイニシアチブを発揮しようとしたが、嘉治先生の場合はそのようなイニシアチブを発揮されることはなかった。それでも、インド独立五〇周年に当たる九七年、インディア・インターナショナル・センター（India International Centre）との姉妹関係の再活性化には関心を示し、同センターのヴォーラ所長を招聘し、自らもセンターを訪問して講演するなど、古い友好関係の再構築に意を注ぎ、また米大使館広報文化部の助成金をアメリカ研究振興会経由で導入して「アメリカ研究総合調査プロジェクト」を立ち上げることには少なくとも消極的ではなかった。それによって二年間にわたって日本におけるアメリカ研究の現状を調査し、アイハウスがそのデータベース化を積極的に支援する仕組みをつくり上げることができた。また九八年に「日米友好基金」の東京事務所が閉鎖された後、アイハウスが同基金の日本連絡事務所の役割を果たすようになったのも嘉治理事長の配慮があったからである。

二〇〇二年に創立五〇周年を迎えるにあたり、『国際文化会館五〇年の歩み』の編纂を嘉治先生は私に直接指示された。二〇〇二年一〇月の記念レセプションに間に合わせることが目標だった。幸いにして私は、アイハウス五〇年間の四〇年間を職員、そして八〇年からは常勤役員として直接関わった当事者であったので、自分の記憶や印象を記録で再確認しながらすぐ執筆に取りかかったが、五〇年間の足跡をできるだけ正確かつ客観的に記述することは、簡単な仕事ではなかった。過去の理事会議事録や年次報告書などに目を通し、重要と思われる点を書き出すだけで長時間を要する作業となった。嘉治理事長からは、できるだけ簡潔にするよう指示されていたので、五〇年史と取り組むに当たっては、事実だけを簡単に列挙し、情緒的な表現や感情移入をすべて排除することも考えた。しかし、戦後いち早く文化・学術交流のために立ち上がった先人たちの高邁な志と情熱と苦労がなければ五〇年の歴史はなかったことに思いを馳せると、感情移入を完全に排除するのは困難であった。その結果、『国際文化会館五〇年の歩み――一九五二〜二〇〇二』は、写真ページ、年譜、歴代役員リストなどを含めて三八九ページの分厚いものになってしまった。

嘉治理事長は序文の中で「半世紀の間に国際関係は極めて大きく変化し、我が国の状況もまたいちじるしく変わった。会館の五〇年の歩みにもそれは歴然と表れている。それ故に我々はこの節目の時に当って、よき伝統を維持しながら、新しい展開を見いだすべく努力しなければならないと思う」と述べているが、「新しい展開」が財政再建と施設老朽化問題の解決であったことは言うまでもなかろう。しかし、どちらの問題（両者は不可分に絡み合った同一問題でもあった）に対しても、具体的な対策については何も言及していない。それは言及できないほど事態が悪化していたからである。二〇〇二年一〇月二五日に開かれた創立五〇周年記念レセプションには四〇〇名近い人々が出席し盛大であったが、おそらく誰の胸にも祝賀の気持ちよりは、今後の五〇年のアイハウスの将来に対する不安の方が大きかったのではなかろうか。

『国際文化会館50年の歩み――1952-2002』（増補改訂版、2003年刊）

『国際文化会館五〇年の歩み』は、アイハウス・プレスの佐治泰夫さんが、徹夜を重ねて奮闘してくれたお蔭でレセプション出席者に配布するのにぎりぎりで間に合った。しかし、注意深く目を通してくれたスタッフからは、多くの誤植だけでなく事実誤認なども厳しく指摘され、わずか一年でしかもほとんど単独で書き上げたことを後悔した。古い会員の中には賛辞を寄せてくれた方々もいたが、誤植、事実誤認などを訂正し、見落とした部分も書き加えた「増補改訂版」の刊行を決断し、翌年の四月に刊行した。それでもいくつかの誤植が見つかっている。そもそも五〇年史を一年という短時間で、しかもほぼ単独でまとめるのは無理なことであった、と今にして思う。こうした組織の歴史を書くには十分な準備期間を取り、編纂委員会を組織して執筆を分担し、草稿を編纂委員が輪読するなどのプロセスが必要ではなかったかと後悔したが、存亡の危機に陥っていた状況の中では、そのような余裕がなかったのも事実であった。国際文化会館の苦境は、やがて外部の人々も感知するようになり、会員有志が集まり、さまざまな意見や提案が持ち込まれるような事態に陥った。

施設リニューアルへの動き

会館運営の窮境脱出への具体的な動きは、皮肉にも既存建物の保存運動から始まった。日本建築学会が会館建物を戦後日本のモダニズムを象徴する建築作品として高く評価し、その保存を求めて強く働き掛けてきた。他方、松本専務理事は、会館の土地をより有効に利用することによって苦境脱出を図るのに熱心だった。会館敷地の東端部分に一〇〇ユニットが入る高級タワーマンションを開発業者に建てさせれば、その売却益は会館を新築する費用だけでなく事業を長期に安定して運営するための基金もできるという計算からであった。またアメリカンクラブや国際交流基金との共同事業として新しい会館ビルを建てる案なども検討された。国際的に知名度の高い、ある高級リゾートホテルグループから共同開発プランが持ち込まれたこともあった。

他方、九九年に発足した「将来計画委員会」（宮尾舜助委員長）は、財政の早期改善を強く求めた。それに応じた経費削減の手段として四五歳以上の職員を対象に、早期退職希望者を退職金割り増し支払いを条件に募集した結果、幹部職員を含む一四名が退職した。しかし割り増し退職金を支払うには、銀行からの借り入れが必要となり、さらに事態を悪化させるだけであった。もはや姑息《こそく》な手段では、アイハウスの再生は不可能な状態に陥ってしまったのである。幸いにして、ここで救世主的な役割を果たす人物が登場した。合併してできたメガバンク東京三菱銀行の初代会長を退いて相談役になっていた高垣佑《たすく》氏である。

高垣佑第４代理事長（『国際文化会館55年史』〈英文〉より）

高垣氏が理事としてアイハウスの運営に関与するようになったのは二〇〇二年からであったが、二〇〇四年に嘉治理事長の後任理事長に就任すると、施設の老朽化と財政問題を一挙に解決することを目指して果敢に行動を開始する。金融界の優れたリーダーとして活躍した高垣氏の会館歴は短かったが、それは逆に旧弊にとらわれずに大胆な改革を進めるリーダーシップを発揮するのを容易ならしめた。理事長就任直後に「新会館準備委員会」を発足させて、自らその委員長として最大の緊急課題である会館施設建て替え問題と財政再建問題に集中して取り組んだのも、古いしがらみにとらわれることなくむしろそれを逆手にとった高垣氏のイニシアチブであった。東京銀行頭取などを務め国際経験も豊かな高垣氏は、「会館の伝統を継承し、二一世紀世界においても有意義な役割と機能を果たし続けられるよう、会館活動全体の再活性化を図る」決意を明らかにし、そのための具体的手段・方法を積極的に模索し始めた。高垣理事長がまず手を付けたのは施設の保存再生であった。老朽化が加速する施設をどうするかが緊急課題だったからである。当初は、施設の快適性、機能性、安全性（耐震性を含む）を高めるために、既存施設を取り壊して新しい施設を建設する計画であったが、二〇〇四年九月に日本建築学会から出された「国際文化会館保存再生特別委員会報告書」の要望を受け入れ、歴史的、文化的評価の高い既存建物の保存活用を決断した。

そしてその第一期工事として本館の保存と改修を行い、森ビル株式会社が先導して進められていた周辺地域の再開発計画「鳥居坂西地区再開発準備協議会」の進捗に合わせて第二期新館新築工事を実施することを最終案としてまとめた。第一期工事では、「保存と再生」を念頭に外観は原形を保ち、敷地入口部の石垣も現状のまま残し、庭園もそのままの形で手を加えずに港区の名勝指定を申請する。樺山ルームを多目的ホールに改修する、さらに施設全体をバリアフリーにすることなどが盛り込まれた。これらの第一期工事は、二〇〇五年五月に始まり、翌年三月に完了した。この保存再生工事に要した総額は、内装・備品、借入金返済なども含めて二六億円を超えたが、それは会館敷地の一部と余剰容積率を森ビルへ売却することによって賄われた。金融に精通したリーダーでなければできない英断であった。少し遅れて完了した多目的ホールは、三菱系三〇社からの三億円寄付で賄われ、旧樺山ルームは「岩崎小彌太記念ホール」と改名された。寄付者への謝意を込めて施設にその名を冠することはフィランソロピー大国アメリカでは広く見られるが、こうしたかたちで会館の施設が命名されるのは、会館の長い歴史の中で初めてのことであった。

岩崎小彌太記念ホールの誕生により、樺山ルームの名は地階のレセプション・宴会施設に移されたが、二〇〇九年に松本重治没後二〇周年記念行事が行われた際に、松本の名が付け加えられて樺山・松本ルームと命名され、それを示す小さなプレートも入口の裏側に目立たない形で付けられている。寄付者を冠する「岩崎小彌太記念ホール」のような命名の仕方について、後日親しい友人に話したところ、その友人は「カエサルのものはカエサルに」とも言われますからね、と笑って反応した。第一期工事終了後、宿泊施設やレストランは、効率性が高い運営と財政健全化への貢献も期待できるよう外部専門業者（三菱系列のロイヤルパークホテル）に委託するようになり、「特別会計」部門の赤字に悩まされ続けた問題からようやく解放されることになった。保存改修後の宿泊室の数は六一室から四四室に減ったが、各部屋のスペースは広くなり、アメニティーも改善された。

高垣理事長が「理事会から一任を取りつけ」て敢行した施設の保存と再生の計画は見事に成功し、本館部分の一棟は文化庁の登録有形文化財になり、また七代目小川治平衛が岩崎小彌太の依頼で作庭した庭園は港区名勝に指定された。二〇〇六年七月に天皇皇后両陛下のご臨席を得て「開館記念五〇周年記念レセプション」が行われた。両陛下が皇太子、皇太子妃時代から親しまれてきた会館の保存再生が見事完成したのをご案内する高垣理事長の姿は、難事を成し遂げた誇りと喜びに満ちていた。施設の保存と再生の第一段階を成功裏に導いた高垣氏は、次はアイハウスも加盟している「六本木五丁目西地区再開発計画協議会」で指導力を発揮する心づもりであったであろう。急な病に倒れるまでは、森ビルを中心とする地権者の合意形成を導く意欲にあふれていた。

長銀国際ライブラリー

他方、高垣理事長は、アイハウスの事業内容については施設の保存と再生に注いだほどの意欲は示さなかった。私は、高垣氏が理事長に選任された直後から一度ならず三菱東京UFJ銀行本店の相談役室に高垣氏を訪ねて、事業活動の現状、これまでに築いてきた海外ネットワーク、そしてロックフェラー財団をはじめジャパン・ソサエティー、アジア・ソサエティー、IICなどとの歴史的関係などについて資料を示しながらブリーフィングをしたが、熱心に耳を傾けようとする姿勢は感じられなかった。おそらく、新しくなった施設でどんな事業を行うかについても、過去のしがらみにとらわれずに、「新しい酒は新しい革袋に」注ごうと考えていたのだろう。

しかし、具体的にどんな新規事業を考えていたのか、あるいは考えてはいなかったのかは不明である。高垣氏のイニシアチブによる新しいプログラムは、二〇〇六年に行われた鎌倉円覚寺朝比奈恵温師による「座禅体験合宿」と小倉和夫元駐仏大使による「料理でめぐるフランス文学散歩」などに限られた。過去を継承したと思われる唯一のプログラムは、「新渡戸国際塾」の開設である。

既存事業の中で高垣氏が特別な関心を示した事業が一つだけあった。それは「長銀国際ライブラリー」という出版活動であった。これはもともと日本長期信用銀行（以下長銀）が創立四〇周年記念事業として九四年に設立した「長銀国際ライブラリー財団」の主要事業で、日本の政治、経済、社会、文化等に関する日本人の著作を精選して英訳し、内外の主要図書館などへ広く無償配布することを通じて、海外における日本理解の増進に寄与することを目指した事業であった。しかし、バブル経済が崩壊して長銀が経営破綻に陥ると、長銀国際ライブラリー財団の事業も継続が困難になった。その結果、財団も解散を余儀なくされたが、残余基金（約七億円）を信託基金化して事業は継続されることになった。この財団による初期の出版事業は、（株）サイマル・インターナショナルへ委託して実施されていて同社の佐治泰夫翻訳制作部長が担当していた。しかし、サイマルも破産したため、佐治さんは暫定的に長銀ビジネスサービス部門に移り長銀国際ライブラリー財団の事業を続けていた。

その頃に、旧長銀国際ライブラリー財団は、残余基金の信託基金化による出版活動の継続を模索していた。信託基金の受託者は中央三井信託銀行に決まったが、事業を引き継いで実施する団体は未定であった。佐治さんは、六〇年代に数年間アイハウス図書室に勤務した経験があり、ア

長銀国際ライブラリー叢書

No. 11: Japan's Lost Decade by Yoshikawa Hiroshi（国際文化会館、2002年）

長銀国際ライブラリー叢書

No. 12: The New Middle Ages: The World System in the 21st Century by Tanaka Akihiko（国際文化会館、2002年）

イハウスが信託基金化された旧長銀国際ライブラリー財団の事業を継承するのに最もふさわしい組織であると判断し、それを旧長銀国際ライブラリー財団事務局に提案したので、私に相談が持ち込まれた。

信託基金制度では、基金の運用と管理は受託者が行い、事業は受託者と合意した組織が行うものとされている。事業実施に関わる経費は、人件費や管理費も含めて信託基金の運用益と元本取り崩しによって賄い、事業は基金を使い切るまで継続される仕組みである。私は佐治さんの事前説明や旧財団事務局員の説明をよく聴き、また受託者や解散した長銀国際ライブラリー財団の旧役員の意思も確認した上で、この出版活動をアイハウスの特別事業として取り入れることがアイハウスの財政改善に多少なりとも役立つと判断し、嘉治理事長にもその旨報告した。理事長は、例のごとく「お任せします」という反応だったので、私はアイハウスが長銀ライブラリー信託基金の事業実施パートナーになる意思を受託者に伝えた。

こうしたプロセスを経て旧長銀国際ライブラリー財団の事業は、アイハウスが継承することになった。解散した財団の目的に沿った信託基金のパートナーとして機能するには、事業の意思決定機関としての運営委員会と、英訳する本を選択し推薦する図書推薦委員会を発足させる必要があり、嘉治理事長と相談して人選を進めた結果、運営委員会は猪瀬博教授（国立情報学研究所所長）を委員長とし、浅尾新一郎（国際交流基金理事長）、小林陽太郎（富士ゼロックス会長）氏らを含む一〇名、図書推薦委員会は本間長世（東京大学名誉教授）委員長の下に、粕谷一希（元『中央公論』編集長）、高階秀爾（東京大学名誉教授）、高島肇久（元ＮＨＫ解説委員）氏ら八名、で構成する二つの委員会が発足した。いずれも任期三年で、再任可という仕組みである。佐治さんの仕事場はアイハウス企画部に置かれたが、それまでに出版された長銀国際ライブラリーの書籍在庫を保管する倉庫は外部に賃借した。信託基金化された新体制の下で最初に刊行されたのは、吉川洋著『転換期の日本経済』と田中明彦著『新しい「中世」21世紀の世界システム』の二冊で、いずれも二〇〇二年に刊行された。従来通り三五〇〇部印刷し、内外の主要図書館や日本研究センターなどに無償で配布された。英訳者の選定、原著者との折衝、英訳稿と原著の対比、編集、表紙デザイン、寄贈本の発送等々、この出版事業に関わるすべての任務を、佐治さんは単独で担当し、出版人としてのプロの力量を発揮した。

アイハウスの伝統的なプログラムには関心の少なかった高垣理事長は、なぜかこの長銀国際ライブラリーには最初から強い関心を示した。破綻した金融機関の後始末から派生した事業であったこともその理由の一つであったかもしれないが、それ以上に高垣氏自身が読書家で書籍に対する知的関心が強かったからであろう。企画部の片隅のデスクで孤軍奮闘している佐治さんを温かく激励し、時には理事長室に招いて出版活動の現況について直接話を聞く機会もつくった。高垣氏のそのような特別な関心は、いわゆる「天覧歌舞伎」の再現を導くことにもなった。

平成の天覧歌舞伎

アイハウスが事実上の事業主体となってから刊行された長銀国際ライブラリー叢書の中に河竹登志夫氏の『歌舞伎』がある。その英訳本が刊行されて間もなく、佐治さんは著者の紹介により松竹株式会社の専務取締役安孫子正氏と面談する機会を得た。英訳版を歌舞伎座の売店で取り扱うよう依頼するためであったが、話題は一八八七年に外務卿井上馨邸（現在のアイハウスの敷地）で行われた天覧歌舞伎（明治天皇・皇后が臨席された）に及び、それがきっかけで天覧歌舞伎一二〇周年に当たる二〇〇七年四月に一二〇年前と同じ演目の「勧進帳」が同じ役者の名を継ぐ役者たちによって、装いを新たにした国際文化会館の岩崎小彌太記念ホールで演じられ、天皇・皇后（現上皇・上皇后）が臨席された。この平成の天覧歌舞伎が実現した経緯や佐治さんの果たした役割については、アイハウスの記録にはないので、ここで言及しておくのに値しよう。

平成の天覧歌舞伎を成功裏に終えた高垣理事長は高揚し、さらなる計画を考え始める。明治の天覧歌舞伎の背景には、井上邸に奈良東大寺の茶室「八窓庵」が移築されたのを披露する目的もあったことなどを知った理事長は、会館庭園の北西端に和食を供する小会議室施設として「茶室」を建てることを考えた。高垣理事長の胸算用では、ロックフェラー家からそのために五〇〇〇万円程度の寄付が期待できるのではないかということだったが、この計画は具体化するには至らずに終わった。これもアイハウスの記録にはなく、高垣氏が筆者に打ち明けてくれたことである。

ロックフェラー家の主要な人々を高垣理事長に紹介することは、私の現役時代最後の任務の一つであった。金融関係の国際会議に出席するためにニューヨークへ出張する高垣理事長に同行し、ロックフェラー・ファミリー・オフィスを訪問することになった。二〇〇四年のことである。前年の一〇月に、軽い脳梗塞で倒れた私が長旅をするのを心配する妻が同道してくれた。ロックフェラー・センターの五六階にあるファミリー・オフィスを訪問したことは何度もあったが、高垣理事長にとっては初めてであった。JDR没後、私はニューヨークを訪れる際にはブランシェット（Blanchett）夫人への表敬訪問を日程に組み入れる習わしにしていたが、その夫人も九二年に亡くなり、高垣理事長を迎えてくれたのはJDRの末弟デービッドの長男デービッド・ジュニアとロックフェラー家の筆頭顧問格のエリザベス・マコーマック（Elizabeth McCormack）女史らであった。

エリザベス・マコーマック女史（国際文化会館提供）

ジュニアの父は、チェース・マンハッタン銀行最高経営責任者をはじめさまざまな国際金融分野で活躍したので、高垣理事長もよく知っていたが、ジュニアとは未知の間柄であった。ジュニアの父は九〇歳を過ぎてから回顧録を出版しているが、その中には八〇年代にロックフェラー・センタービルを三菱地所に売却する交渉の当事者であったことも詳しく述べられている。その日本語版が出版された際にも来日して、すでに理事長に就任していた高垣氏を国際文化会館に訪問している。しかし、ＪＤＲと松本重治の場合のようにジョン、シゲとファーストネームで呼び合う親密な関係に発展することはなかったようだ。ちなみにデービッドは長寿のＤＮＡをもつ歴代ロックフェラー一族の中で最も長寿に恵まれ（一七年に一〇一歳で没）、長兄のＪＤＲに劣らずフィランソロピー活動にも熱心だった。最晩年にはニューヨーク近代美術館（ＭｏＭＡ）の増改築計画を進め、日本人建築家谷口吉生氏が設計した新しいＭｏＭＡの誕生は、デービッドによる精力的な募金活動と自らも巨額の私財を寄付して実現したものである。ＪＤＲの長男ジェイは、当時まだ現役の上院議員で多忙を極め、高垣理事長を引き合わせる機会はつくれなかった。

高垣理事長は、アイハウスにおける自分の使命は施設改修と財政再建に限られていることを明確に認識し、それが達成した後も長く理事長にとどまることは考えなかった。それぞれを達成した後は、再び知識人を代表するような人物が理事長に就くのが望ましいと考えていた。そしてその通り、後継理事長に明石康（元国連事務次長）氏を決めてアイハウスを退いた。

高垣氏のレガシーの一つは、施設と財政の再建に加え、出版事業を改善するために「アイハウス・プレス」を創設したことである。長銀国際ライブラリーのパートナーになってからアイハウスが刊行した書籍の中には、『歌舞伎』や『日本の家』などのように無償配布後に需要が高まったものもあり、信託事業とは別にその需要に対応できる仕組みとして、佐治さんの助言を得て高垣理事長は「アイハウス・プレス」を立ち上げたのである。嘉治理事長時代に引き受けた公益信託長銀国際ライブラリー基金事業は、長銀国際ライブラリー財団時代に刊行された八冊を含めて計四〇冊を刊行して二〇一八年に終了し、佐治さんはアイハウスを去った。しかし、彼は長年の経験とノウハウをさらに活用すべく、日本語著作の質の高い英訳版刊行を目指すＮＰＯ法人を独自に立ち上げて活躍し続けている。佐治さんがアイハウスで長銀国際ライブラリー叢書として刊行した英訳本のうち六冊が、日本翻訳家協会の日本翻訳出版文化賞や翻訳特別賞を受賞している。

第九章　忘れがたき人々

高木八尺先生

以上、長々と思いつくままに書きつらねてきたが、最後に特に印象深い私自身のさまざまな人々との出会いについて数名を取り上げて触れ、本稿を閉じることにする。

半世紀を超すアイハウスでのキャリアの中で、さまざまな機会にさまざまな分野の人々と出会い、その数は自分ながら驚くほど多いが、数えてみようと試みたことなどない。本稿で言及した人々すべてを含めて、その中の少なからざる人々は、今も顔も名前（ファーストネームも含めて）も鮮明によみがえるが、他方、顔はよく覚えているが名前が出てこない人々や、逆に名前は正確に記憶しているが、顔がすぐに浮かばない人々などさまざまだ。本稿をアイハウス図書室で執筆していたときにも古い知友に声を掛けられることがしばしばあったが、とっさに名前が出てこないことを何度も体験した。そのようなときには、覚えているようなふりをして差しさわりのない会話をしているうちに、突如名前が、正確に戻ってくることも体験した。もちろん最初から「ど

高木八尺先生とカール・W. ドイッチュ氏（イェール大学教授）（『国際文化会館55年史』〈英文〉より）

なただったでしょうか」と問わなければならない場合も少なくなかった。

個人の出会いを重視し、創造的な個人と個人の関係を創出するクリエーティブな媒体となる役割に徹した松本先生のもとで仕事に従事した私がその影響を受けなかったわけはないし、私自身も意欲的に先生の人脈を活用しアイハウスの重要アセットとして次世代に引き継いでいくことを心掛けてきたつもりである。しかし文字通り一期一会に終わった場合も多い。そういう人々に限って今鮮明に、懐かしくよみがえるのは何故なのか不思議だ。他方、最初の出会いから強烈な印象を受け、今なお忘れがたい人々もいる。

松本先生の世代の人々の中には、私にとってメンター（助言者）の役割を果たしてくれた忘れがたい人々が多い。松本先生を筆頭に、すでに触れたジョセフ・スレーター、ポーター・マッキーバー、フィリップス・タルボット氏などＪＤＲの周辺で活躍したアメリカの人々も少なくない。

日本人でまず脳裡に浮かぶのは、高木八尺《やさか》先生である。高木先生は日本におけるアメリカ研究の開拓者として知られるが、戦前、戦中、戦後を通じて日米関係に深く関わった行動的な研究者であった。その出自については、東京大学アメリカ研究資料センター（現・アメリカ太平洋地域研究センター）によるオーラルヒストリー「高木八尺先生に聞く」一九七九年、『アメリカ精神を求めて　高木八尺の生涯』（斎藤眞・本間長世ほか編、東京大学出版会、一九八五年）の中で詳しく語られている。神田孝平の養子となった父神田乃武《ないぶ》（英学者・教育者）の二男として一八八九年に生まれ、一九八四年に九四歳の長寿を全うされて亡くなられた。八尺（やさか）という珍しい名は、「八尺瓊の勾玉　やさかにのまがたま」に由来することを晩年の先生と親交のあったユージン・ラングストンさんが国際文化会館英文会報（International House of Japan Bulletin, vol. 9, no. 3, Summer 1984）に寄せた追悼文“Yasaka Takagi 1889~1984”で紹介している。

丸山真男東京大学名誉教授（1988年、『写真集国際文化会館』より）

長い生涯を通じて一貫して高木先生が目指したのは、日米両国の相互理解と相互信頼を深めることであった。小柄な身体には気品が満ちあふれ、穏やかな風貌の裏面には厳しい自己抑制と他者に対する寛容、礼儀、思いやり、そしてゆるぎない知的誠実さが秘められていた。学生時代に内村鑑三の「柏会」に入りキリスト教に入信し、その信仰心は生涯を通じて揺るぎないものであった。高木先生の薫陶を受けた人々が等しく指摘するのは、先生の精神的強靭性と謙虚さである。上下関係に関わりなく先生は他人を叱責することなどは皆無であった。先生の謙虚な人柄を語るには、先生の没後一周忌の集まりで丸山真男教授が話されたエピソードを紹介するのが最も適切であろうと思われるので、以下にその一部を引用させていただく。

私が高木先生の知遇を得ましたのは一九三七年（昭和一二年）に東大法学部の助手になって以後であります。これは事柄としてはつまらない事ですけれども、私にとっては非常に印象深い思い出があります。当時、法学部の公法・政治関係の助手は、『国家学会雑誌』の編集を手伝うことになっておりました。あるとき、おそらく原稿の催促に行った時ではないかと思います。言々句々正確な言葉としては覚えておりませんが、高木先生がこうゆうふうに言われたのです。

「丸山さん、使い立てをしてすまないけれども、この手紙を医学部の何々教授のところへ届けていただけませんか。」

こう言われたのです。実際つまらないことですけれども、この言葉がなぜ私にとって非常に印象が深かったかと申しますと、私は高木先生の手紙を持って医学部の某教授のところへ参りました。ドアをノックして、高木先生のお使いで参りましたと言ったら、机に座っていたその教授の方は横を向かれて「ああ君が法学部の助手か」と、こう言われたわけです。これもなんでもないことです。ただその前に、ほとんど個人関係がなく、専攻も違っている法学部の大教授の高木先生が助手に対して、「丸山さん、使い立てしてすまないけれども……」といわれた。その言葉遣いとあまりに対照的であったということです。

それが私の最初の印象でした。これは決して、医学部の教授を批判したり非難したりする意味ではございません。教授が助手のなり立てに対してそうゆう言葉遣いをするほうが、あるいはあたりまえのことで、丸山さん云々という言葉を使われた高木先生のほうがむしろ変わっていたのかもしれませんけれども、高木先生のお人柄というものが、はしなくもそうゆう些細なことにもあらわれているように思われます。ともかく私にはそれが非常に印象深かったのでございます（全文は「高木八尺先生のこと」と題して東京大学出版会広報誌『UP』一九八五年九月号に掲載されている）。

「知的交流委員会」の事業を継承して国際文化会館が誕生したという認識を共有していた高木先生は、会館初期の運営には当然強い関心をもち、松本先生の心の支えであり続けた。高木先生のそのような関心は、海外の旅先の松本先生に送られた手紙の中によく表れている。六〇年一二月、パリでユネスコの第一一回総会が開かれ、日本代表団のメンバーとして松本先生がこの会議に出席した後、欧州各国や米国を歴訪するため長期不在になるのを心配した高木先生は古垣鉄郎駐仏日本大使気付で書簡を送られている。薄いエアログラムに先生独特の細い文字で丁寧に書かれた一二月七日付のこの手紙の中で高木先生は次のように述べている。

私はここ両三日家で仕事をしていますが、毎日（会館幹部と）電話で連絡しております。先週水曜には久しぶりで吉田正男氏とジャンセン氏と三人で会館で昼食をいたし、いろいろ話し合いました。矢張り一番将来の大きな問題は、「研究所」の夢ではないかと思ひます。

吉田正男氏は吉田茂元首相の二男で学習院大学教授、当時、ジャンセン教授と共に会館の研究参与であった。「研究所」というのは、宿泊施設とは別に、海外の日本研究か日米関係研究かのいずれかに目的を特化した研究所をフォード財団の助成金を得て設立する構想で、六〇年代初期に検討されていたプロジェクトに言及したものである。

「使い立てしてすまないけれども」という言葉は、松本先生もよく使われたのが思い起こされるが、おそらくそれは恩師の高木先生から受け継いだのだろうと思う。私が国際文化会館で仕事をさせていただくことになった頃、高木先生は東京大学を退官されて間もないときで、ほぼ毎日会館に姿を見せられ、松本先生の隣の小さな部屋で『新渡戸稲造著作全集』全一六巻の編纂やロックフェラー財団の助成金で新たに立ち上げた「日米関係の研究」に取り組んでおられた。「知的交流計画」の日本委員会の委員長もまだ続けられていたので、先生は身近な存在であった。そして先生の後任として「米国憲法・歴史及外交講座」（通称ヘボン講座）の担当教授になられた斎藤眞先生に、ことあるごとに高木先生について、いろいろなことをよく話していただいた。

日本におけるアメリカについての学問的研究の創始者であり、米国の歴史学会名誉会員にも叙された高木先生は、その生来の謙虚さと禁欲的なふるまいのためか象牙の塔に閉じこもった学問一途の学者と考えられがちだが、実際においては果敢な行動に出る知米派知識人であった。それは戦前、戦中、戦後を通じて変わることがなかった。戦前には「ヘボン講座」の担当教授に専念しながらも、国際NGOのはしりともいえる「太平洋問題調査会」（Institute of Pacific Relations, IPR）日本理事会の常任理事を務められている。アジア太平洋地域に利害関係を有する米国、中国、日本、カナダ、イギリスなどを含む九カ国で構成され二五年に発足したＩＰＲは、地域の平和構築上の障害についてそれぞれの国が調査し、その結果を持ち寄って二年ごとに開く「太平洋会議」で議論する国際組織で、高木先生は日本理事会の調査研究活動の統括責任者であった。

二九年、ＩＰＲの第三回太平洋会議が京都で開かれた際には、米欧留学を終えて東大法学部助手に戻って間もない松本先生が、高木先生の推薦により日本代表団（新渡戸稲造団長）の三名の秘書の一人に採用されて、日中問題を主たる議題にしたこの国際会議の裏方として活躍した。そしてこの会議は、松本先生の人生の大きな転換点となる。一つには、アメリカ代表団団長エドワード・カーター（Edward Carter, 1878～1954）氏の秘書として出席していたジョン・ロックフェラー三世（ＪＤＲ）と出会い、終生の友情関係の出発点となったからである。当時、ＪＤＲはプリンストン大学を卒業したばかりの二三歳で、松本先生より七歳年下だった。

この二人の関係が、戦後に「知的交流計画」や国際文化会館の創設として開花するのである。またもう一つには、会議の舞台回し役を見事に果たした松本先生の才能を見抜いた日本代表団の一人、岩永裕吉氏が二六年に創設した日本の通信社「日本新聞聯合社」（後の同盟通信社、現共同通信社・時事通信社）の上海支局長に松本先生を抜擢したからである。岩永の目に狂いはなかった。やがて松本先生は「西安事件」をスクープし、国際ジャーナリストとしての名声を確立し、近衛文麿首相のブレーントラストとしても活躍した。そして結果的には無に帰するが、師弟ともに憲兵の監視下にありながらグルー大使を通じて日米開戦回避のために近衛・ルーズベルト会談を実現するために最後の努力をされた。

高木先生は、国際文化会館の創設にも深く関わり、またその草創期の主要事業であった「知的交流計画」日本委員会の委員長を長く務められ、国際文化会館の人物交流の礎を築かれた。松本先生の周りにはさまざまな人々がいたが、先生という敬称を使われたのは、高木先生に対してだけであった。二人の師弟関係の強さをよく物語っている。

高木先生について語るときに忘れてならないのは、神田乃武の子息にふさわしい卓越した英語力である。先生の一世代前の日本人には、内外で今なお読み継がれる名著を英文で書いた三人がいる。『Bushido: The Soul of Japan』を一九〇〇年に出版した新渡戸稲造、『How I Became a Christian』を一八九五年に出した内村鑑三、そして『Book of Tea』を一九〇六年に発表した岡倉天心氏らである。高木先生の著作集全五巻の中の一巻は英文著作だけを収録したものである。先生が国際文化会館で行った英語による最後の講演"Japan and Christianity"もその中に含まれている。日本におけるアメリカ研究の開拓者とされている高木先生が英語に堪能であったことは特に驚くことではなかろうが、英文著作集に収録されている文章の内容やスタイルには、丸山真男教授に感銘を与えた先生の品格がそのまま反映されているように思われる。なかでも私が感銘深く読んだのは、異郷の地で病に倒れ急逝した恩師新渡戸稲造の葬儀で読まれた弔辞である。三三年、カナダのバンフで開催された太平洋問題調査会の第五回太平洋会議に共に出席した後、新渡戸と別れてニューヨークで調査活動を始めようとしていた高木先生のところに新渡戸客死の訃報が届いた。急きょ、ニューヨークから飛行機で新渡戸の葬儀が行われるビクトリアに向かった高木先生は、西へ向かって進む機上で夜明けが近くなりつつあるのを感じながら英文で恩師へのユーロジー（賞賛演説）を書き上げている。それは一〇〇年近く経た今読んでも高木先生の全人格に直接触れるような詩文の響きを伝えてくれる。

高木先生がおられた職場環境の中で、一〇年以上働く機会に恵まれた私にとっても、先生にはさまざまな思い出がある。その一つはグルー基金とバンクロフト奨学基金の事務局の仕事を兼務するようになって間もない頃のことだ。全国の高校生から精選して米国の大学に留学生として派遣するこの両基金の理事長を高木先生から松本先生が引き継いだことにより、私はその事務局の責任者に任命された。当時は留学生を送り出した家族の会があり、年に一度集まる留学生父母会のお世話をすることもその任務の中に含まれていた。留学生、ＯＢ、そして父母会のコミュニケーションを図ることを目的にした小雑誌『コスモス』を発行することになり、両基金の現状と課題について私が書いた短い文章も載せた。文中で、高木理事長時代に募金活動のために用意された「灯をかかげて」という小冊子からの引用文も載せた。留学生や家族などからの寄稿文も掲載したガリ版製のこの雑誌ができ上がり、私は真っ先にその一冊を高木先生に届けると、先生は喜んで受け取られた。しかしその数日後、先生が私のデスクに『コスモス』を手に見えられ、高木先生らしいいつもの穏やかな口調で、「私が間違っているかもしれませんが、少し手を入れさせていただきましたので参考にしてください」とおっしゃられて立ち去られた。開いてみるとほぼ全ページに誤字や脱字、そして事実誤認などを指摘した丁寧な書き込みがあった。顔から火が出るほど恥ずかしい体験であった。

七七年一一月、高木八尺先生米寿記念会が国際文化会館で開かれて私も陪席する機会が与えられた。高弟たちのお祝いの言葉に応えられた謝辞、スピーチの中で高木先生が述べられたことは忘れがたいので、その一部をここで紹介させていただく。

もう大昔のことになりますが、一九四五年のあの初秋、終戦の締めくくりともうしますか、ミズリー艦上での記念すべき会合がありましたときに、マッカーサー将軍がのべた言葉のなかに、「今後の日本国民に対して望みたいことは、将来は膨張ではなしに、ヴァーチカル発達に心がけ、垂直的な発展をなし遂げてもらいたい」とあり、spiritual recrudescence and improvement of human character（編注：精神的再生と人間性の改善、の意）の強調があったように思います。というのは、私ども昔の一高の生活の間、幸いにも新渡戸先生の御指導を得て、そしてそのお話のなかに、いつとはなしに、人間に大事なものはホリゾンタルの関係よりヴァーチカルの関係だということがあったように思えます。

そして、その後に「菅原伝授手習鑑」の寺子屋の段での武部源蔵の台詞「天道様、仏神様、あわれみたまえ」を引き、それが横のでなく、縦の関係、人間の心持ちだというように感じたことに触れられて、さらに静かに話を続けられた。

私は一九五〇年春先にもマッカーサーに個人的に面談する機会がありまして、そのとき話の糸口をつくるために、ミズリー艦でのあなたの言ったことを実はよく覚えているんだという話を持ち出したことがありました。そして、この人間ならばわれわれの心持ちをわりあいによくわかる人間ではないかという感じで話を続けたことを覚えておりますが、その話の間（小一時間の話し合いだったと思いますが、その間）に、何のこだわりもなく私は前田多門さんのお名前と松本重治さんのお名前を出して、こういう方々が実はいまだパージのもとで不自由な立場におられる。この人々のパージを解除してもらいたいと要請したことを記憶しております。その時のマッカーサーは、パージの制度に自分は反対である、然し極東委員会の強い意向で変革は困難なこと、且つ個々のアッピールは委員会制度で、判定は首相の権限になることを述べ、一応の返答はされた形でしたが、事実両氏のデパージは数か月後に起こりました。

ところが私自身を顧み、実際の足跡を見ますと、それから何年か、日本国民にとってはヴァーチカルの発達が望ましいと考えたものの、自分みずからの歩みには、「齢多ければ恥じ多し」の論にもれず、実にいわば敗残の記録のように思えます。公私両面で自分の残骸といいますか失敗の跡をまざまざと見なければならないような実情であります（全文は“American Studies in Japan, Oral History Series, Vol. 2, 1978”に掲載）。

謙虚さの権化のような高木先生が米寿記念会で話されたこれらの一言一句は、今なお新鮮な響きをもって私の心によみがえる。

フィリップス・タルボット氏

海外の人々で最も多く出会ったのはアメリカ人であるが、その中で前述の高木先生に近い印象を受けたのはフィリップス・タルボット氏である。長く親密な関係が続いたタルボット氏（以下フィルと呼ばせていただく）との出会いは、彼がJDRに請われてアジア・ソサエティーの会長に就任して間もない七一年だったと思う。松本先生と同様、彼も元々はジャーナリストで、シカゴ・デイリー・ニュースの南アジア担当記者として活躍していたが、三九年、現代問題研究所（Institute of Current World Affairs）の海外派遣フェローに選ばれて、インドで数年間過ごした。インドへの渡航は日本経由で、シアトルから日本郵船の「龍田丸」に乗船し、神戸に上陸して日本で三週間過ごしてからインドへ向かった。「龍田丸」でフィルは生涯の友人となる二人の青年に出会う。イェール大学を卒業し、ジョセフ・グルー駐日米大使の秘書に採用されて日本に赴くマーシャル・グリーン（後に駐インドネシア大使などを務めた）と日本の法律を学ぶために東京帝国大学に留学するトム・ブレークモアである。「龍田丸」で出会ったこの三名のアメリカ人の若者はアジアと深く長い関わりをもつことになるわけだが、フィルはそれぞれのストーリーをことあるごとに私に語ってくれ、私は熱心に耳を傾けた。

フィルが七〇年にアジア・ソサエティーの会長に就任した当時、アメリカとアジア諸国との関係は深まり、それを反映するようにアジア・ソサエティーの活動も拡大し、五六年にJDRが独力でアジア・ソサエティーを立ち上げてその活動拠点として建設したアジア・ハウスは手狭になり、新しいアジア・ハウス建設の必要に迫られていた。ＪＤＲが優先的に取り組んだジャパン・ハウスがようやく竣工して間もない頃であった。ＪＤＲは今度は新アジア・ハウスの建設に意を注ぎ、その実現をフィルに期待したのであった。敷地探しや建設費調達計画がまとまるとＪＤＲとフィルは積極的に動き始め、その詳細は松本先生にも知らされた。旧アジア・ハウスのほぼ四倍の床面積になる地上八階、地下三階の新しいアジア・ハウスの建設は、アメリカ人だけではなく広くアジア諸国民の協力に支えられるべきであるとの信念からＪＤＲは、総工費一八〇〇万ドル（オイルショックの影響ですぐに二〇〇〇万ドルに修正された）のうち少なくとも二〇〇〇万ドルは日本の支援から調達（政府支援と民間支援各一〇〇万ドル）する計画であった。

松本先生はＪＤＲに「恩返し」をする絶好の機会到来と考えて、敏速に動いた。まず、首相として初訪米（七九年四月）予定の大平正芳氏に新アジア・ハウス建設費支援を建言し、それを受けて大平首相は、訪米時に故ＪＤＲの妻ブランシェット夫人に一〇〇万ドルの小切手を直接手渡している。また、フィルを伴い日本経済団体連合会（経団連）の土光敏夫氏を訪れ、財界の支援を要請している。日本政府の一〇〇万ドル支援は簡単に実現したが、経団連を通じての日本企業からの支援は遅々として進まなかった。土光氏と一緒に対応した花村仁八郎事務総長は、関東大震災（一九二三）時に東京帝国大学経済学部の学生で、倒壊した同学部の図書館がロックフェラー財団の支援で再建されたことをよ

フィリップス・タルボット氏（『国際文化会館55年史』〈英文〉より）

く覚えていて、何とか支援しましょうと言ってくれはしたものの、実際に主要日本企業から資金協力を引き出すには、募金当事者が各社のトップを歴訪して、具体的金額を示して寄付を依頼することが必要だった。ＪＤＲ亡き後に、フィルは何度も来日して忍耐強く大企業のトップにアメリカとアジアの関係の重要性とアジア・ソサエティーが果たす役割について、天性の穏やかな口調で理路整然と説き、支援を懇請した。フィルのこうした日本企業詣でには、私がアジア・ハウス新設趣意書、資金調達計画書、そして完成予想図などを盛り込んだ日本語のパンフレットを用意して、道案内や通訳として必ず同行した。フィルはどこへ行っても、持ち前の高貴な風貌、品位のあるユーモア、そして日本人にも分かりやすいきれいな英語で、相手を魅了した。ある大企業の社長は、フィルの来訪目的を忘れたかのように、社長室秘蔵の古美術品を見せながら長話に興ずるほどフィルの人柄に魅了されたようだった。

フィルは、"Every penny counts"（小額の金も大切の意）の信奉者で、小口寄付でも可能性があれば、骨身を惜しまずどこにでも出掛けた。当時創設されて間もない「大阪万国博覧会記念基金」（石坂泰三会長）が施設がらみの海外プロジェクトも助成していることを知らせると、フィルは大阪へ行って助成申請書を提出しようと言い出した。アイハウスの増改築の際、講堂に映写設備を設置するのに万博基金からの助成金を申請し、その手続きの煩雑さに辟易した経験があったので、私はあまり気乗りしなかったが、フィルはアジア・ハウスに同時通訳用設備設置の費用を申請したいというので、大阪の基金事務所に連絡し、急きょ申請書を出すことになった。午後の早い時刻の大阪行き航空機に乗るために羽田空港にタクシーで向かったが、途中で交通渋滞に巻き込まれ、予定していた便に乗り損ねてしまった。それでもフィルは諦めず、次便に乗り、締切寸前に申請書を提出できた。結果はほぼ三万ドルの助成にすぎず、建設総額からすれば微々たる額だが、フィルにとっては貴重な三万ドルであり、おそらく三〇万ドルに値すると感じたことであろう。

フィルのこうした努力にもかかわらず、日本の民間企業による新アジア・ハウス建設への支援は、万博記念基金の三万ドルを含めても目標額（一〇〇万ドル）のほぼ七五パーセント、それ以上は経団連のお墨付きがあっても調達できなかった。松本先生は、自分の募金経験から、募金には「歩留まり」が伴うものだから、七五パーセントを達成できたことで「よし」とすべきだとフィルをなぐさめた。他方、資材や工事費の値上がりで、竣工予定も大幅に遅れ、新アジア・ハウスがオープンしたのは、フィルが会長を退き、次のロバート・オクスナム氏が会長に就任した八一年だった。グランド・オープニングには私も招待されたが、出席できなかった。数日後に大きなダンボール箱が航空便でアジア・ソサエティーから届いた。開いてみると起工式に使われたヘルメットとシャベルのレプリカが入っていた。ＪＤＲの遺志を継いで新アジア・ハウス建設に奔走したフィルの功績は、会長室にフィリップス・タルボットの名前が冠名として付けられたことがよく物語っている。ＪＤＲ夫妻のアジア美術コレクションも、一括して新しいアジア・ハウスのアートギャラリーに遺贈されて一般公開されるようになった。

フィルとの付き合いは、アジア・ハウス建設を超えて長く続いた。東京やニューヨークだけでなく、アスペンやペルセポリスでも一緒だった。アメリカやアジア諸国に広がる彼の人脈は、アイハウスのネットワークを豊かにしてくれただけでなく、私の人生も豊かにしてくれたと感謝している。ニューヨーク出張の際は、フィルやスレーターさんらとのアポを必ず入れることが慣例化した。フィルはお気に入りのセンチュリー・クラブでランチに招いてくれ、私の求めに快く応じて、「龍田丸」で来日した当時のことや、「現代問題研究所」のフェローシップが輩出したアメリカのアジア専門家の人々についてそれぞれのストーリーを語ってくれた。フィルにはマンハッタン中心部にある自宅でのディナーにもよく招いていただいた。ロサンゼルスオリンピックのマラソン競技はフィルの自宅で夕食を共にしながらテレビで観戦していたが、コマーシャルに画面が変わった間に日本期待の瀬古利彦選手が、先頭集団から離されてしまったことが今なお鮮明によみがえる。

フィルのインドに対する愛着は終生変わることなく、晩年にも定期的にミルドレッド夫人を伴って、インド各地を訪れた。帰路は成田空港で待ち時間が長い場合など、夫人がベッドで休めるよう空港近くのホテルに部屋をとった。そういうときには、必ずフィルから電話があり、成田に駆け付けてフィルの回顧談に熱心に耳を傾ける機会に恵まれた。彼の最後のインド旅行は、二〇〇二年、インド政府から最高の叙勲を受けたときであった。それが最後のインド旅行であろうとフィルも意識していたのか、彼の表情には誇りと一抹の寂しさが同居していた。フィルとの数々の思い出の中で、最も印象深いのは、やはりウィリアムズバーグ会議における彼の行動と発言である。フィルは会議のホストである寡黙なＪＤＲに常に影のように寄り添って、でしゃばることを慎んだ。しかし、最終セッションでは、ＪＤＲの求めに応じて二日半にわたって多岐にわたるテーマを取り上げて交わされた複雑な議論を一〇分間の発言で見事に総括して参加者すべての賞賛を博した。明晰なレトリックと英語が母国語ではないアジアのリーダーたちにも分かりやすい簡潔明快な言葉遣いは他者に対する温かい配慮を感じさせた。フィルとの交流は、彼が二〇一〇年に九五歳で亡くなるまで続いた。

スラック・シワラック氏とモフタル・ルビス氏

アイハウスを通じて個人的な付き合いが続いたケースでフィルより長いのは、タイの「行動する知識人」の代表格と目されているスラック・シワラック（Sulak Sivaraksa、以下スラックと呼ばせていただく）氏である。彼は敬虔な仏教徒で、立憲王制の熱心な支持者でもあるが、軍人による独裁政治に対しては真正面から果敢に抵抗する民衆の先頭に立ってきた人物である。スラックに初めて会ったのは六八年、鶴見良行さんの紹介で、バンコクのラマ四世街の彼の二階建てのオフィスにおいてであった。階下は夫人が経営する書店であった。後で知ることだが、東南アジアの知識人の中には、妻が書店や画廊などを経営して生活の糧を確保し、自らは後顧の憂

スラック・シワラック氏（アジア知的協力プログラム、1970年、『国際文化会館55年史』〈英文〉より）

いなく自由に行動するというパターンがよく見られる。スラックは、初対面の私をオフィスの窓際にいざない、日本企業の広告看板であふれる光景を指さしながら「私たちは日本の植民地の中で暮らしているようなもの」であるとぼやいてから、タイ社会の現状を丁寧に語ってくれた。

当時、スラックは社会評論誌を発行するかたわらアシュラム（Ashram）という人材育成私塾を主宰していた。仏教の価値観に基づいた農村青年のための研修プログラムで、二〇～三〇人の若者たちが、スラックの指導の下に質素な環境の中で三週間の合宿生活をして自己修養に励む。毎朝一時間の黙想から始まり、議論と対話は夜遅くまで続く。沈黙瞑想の時間を重視することは、クエーカー教徒の信条とも共通することからシンガポール駐在のフレンド派の代表もスラックの事業を支援していた。スラックには、熱烈なナショナリストの一面もあるが、それは今日のトランプ米大統領のような狭隘《きょうあい》な自国ファースト主義とは異質なものである。仏教の他者に対する高い寛容性に裏打ちされた自国の伝統文化とアイデンティティーを誇りにするが、決して他者を排除することはしない愛国主義である。六九年に「アジア知的協力委員会」の招聘で来日した際にアイハウスの「外交問題講演晩餐会」で「タイの日本イメージ」について論じているが、タイの民族衣装をまとって登壇した。ミュージカル「王様と私」の主演俳優ユル・ブリンナーのようないでたちである。講演の冒頭で、自分はタイランド（三九年、国名変更）という言葉が好きでない、なぜならそれは西洋人による英語の醜い造語だからだ、自分はシャムという呼び方の方がなじみ深く、若い人たちにもシャムを使うよう勧めていることを紹介した。スラックは、シャム伝統文化の象徴としての王室をこよなく敬愛し、王室に対する愛着も人一倍強かったが、王制を軍人が乱用して独裁権力を握ることに対しては、民衆の先頭に立って徹底的に反対する。スラックは仏教哲理に基づいた平和主義者で、目指しているのは寛容性の高い民主主義であり、健全な市民社会《シビル・ソサエティー》を確立することであるにもかかわらず、あるいはそれ故に、軍部から「危険人物」視され、民衆を惑わす煽動者とみなされて、「不敬罪」(lèse-majesté)などの容疑で一度ならず、軍事独裁政権によって尋問されたり、逮捕されたりしている。スラックがタイの農村青年を主たる対象に実施してきた「アシュラム」を、彼の提案で日本の地方都市近郊で開催し、広くアジア太平洋諸国の若者たちに参加の機会を与える試みを彼の指導でアイハウスが行ったことがある。静かなリトリートセミナーで指導者の役割を無事に果たして東京に戻ったスラック宛てに夫人からの電報が待っていた。「無実を証明するために大至急帰国されたし」という内容であった。こうしたことには慣れているスラックは、「日本に来て浮気をしていたわけではないよね」と笑いながらその電報を私に見せてくれた。夫人も軍部独裁政権から夫がにらまれる存在であることには慣れているようで、それ以上の連絡はしてこなかった。ただ、出頭しないことで、ことが複雑になるのは避けたいスラックは、日本滞在の予定を切り上げてバンコクへ戻った。

　スラックの主要著書には、『Seeds of Peace』(1992)、『Loyalty Demands Dissents』(1998)、『The Wisdom of Sustainability』(2009)などがあるが、すべて「行動する仏教徒」の一徹さに貫かれている。彼は私とほぼ同世代だが、年に二～三度届くニュースレターからは、引退する様子などは全く感じられない。スラックとは長年の付き合いを通していろいろなことを試み、タイと日本の相互理解の深化にいささかなりとも貢献できたのではないかと自負しているが、残念なのは、バンコクにアイハウスをモデルにした国際交流センター（International House of Thailand）設立の構想が実現しなかったことだ。スラックのイニシアチブで構想がまとめられ、フォード財団の助成で設計案が作成されて、敷地はチュラロンコン大学が提供するところまではすべてが順調に進んだ。しかし、いかにして建設費を調達するかが問題であった。タイ国内で寄付を募るのはまだ困難な時代であった。大来佐武郎氏の助言で日本のODAに繰り入れてもらうことも検討したが、外務省の回答はバンコクにはすでに日本の無償援助で建てられた市民施設があるので、同じ都市にさらなる援助はできないということだった。アジア・ソサエティーの場合のように日本国内での募金も考えたが、結局、スラック構想は実現しなかった。しかし、スラックが日本に蒔いた種の一つ「アシュラム」は、「パシフィック・ユース・フォーラム」として、七〇〜九〇年代を通じてアイハウスが継承するプログラムへと成長している。

六〇年代末から七〇年代半ばに至る時期にアジア知的協力委員会による人物交流で来日した東南アジアの知識人の多くは、植民地時代に宗主国で教育を受けその言語とレトリックを自由に駆使して巧みに自己主張する能力と性向を備えていたが、スラックのように七年もイギリスで過ごしながら強い土着性を失わず、しかもそれを誇り高く語る知識人は少なかった。

インドネシアの著名なジャーナリストで作家でもあったモフタル・ルビス（Mochtar Lubis）氏もスラックに似た土着性を感じさせる東南アジアの知識人の一人であった。ルビス氏は日本軍による占領統治下、軍情報部で海外のラジオ放送を傍受していた経験を生かして、戦後いち早く『インドネシア・ラヤ』紙を立ち上げ、主筆として健筆をふるった。インドネシアのローカル紙の質的向上への貢献が評価され、後にマグサイサイ賞を受賞し（一九五八年）、またアジア新聞財団（Press Foundation of Asia）の会長としてアジア諸国の新聞報道の国際的信頼性を高めることにも貢献した。スマトラ島生まれの一九〇センチを優に超す偉丈夫だが、会う人々をみな魅了するゴールデン・スマイルの持ち主でもあった。そのルビスさんについては、特別な思い出がある。日本の一般家庭の食事を食べてみたいというので、狭い我が家に招き妻の手料理で接待した。舌鼓を打ってくれたが、何か辛いソースがあればおいしさが倍になると言い出した。迂闊《うかつ》にもインドネシアの人々の食事には辛い《チャベ》ソースが不可欠であることを妻も私も思い至らなかった。チリソースは我が家では常備していないので、代わりにラー油をテーブルに出した。ルビスさんは、しげしげとラー油の小瓶を眺めた後、料理に数滴かけて口にした。「これはいける」と、まだ半分以上も残っていたラー油のすべてを料理にふりかけて満足そうにみな平らげた。我が家では半年もかかるラー油消費量をルビスさんは一度の夕食で使い切ったのである。妻もラー油のお蔭でルビスさんに手料理を満喫していただけたのを喜んだ。以来、知人や友人がジャカルタを訪問することを知ったときには、ラー油を二、三本買い求めてルビスさんへ渡してもらうようになった。その慣習は一〇年以上続き、ルビスさんからはそのつど必ず丁寧な感謝の手紙が届い

アジア知的協力プログラムに出席したモフタル・ルビス氏（1981年、『国際文化会館55年史』〈英文〉より）

た。

心に残る日本人──宮城まり子さんと高見敏弘氏

忘れがたい人々の中には、海外からの来訪者だけではなく、もちろん日本人も多くいる。専門も出会いのきっかけもさまざまだ。その中から特に印象深い二人に触れておきたい。その一人は、宮城まり子さんだ。私と同世代の方ならば、戦後いち早くラジオからよく流れてきた「毒消しゃいらんかね」や「ガード下の靴みがき」などの歌を唄った歌手として、あるいは舞台俳優として活躍された宮城まり子さんの名前にはなじみがあるだろうと思う。その宮城まり子さんが、六八年静岡県御前崎近くの温暖な地に、一念発起して肢体不自由児のための養護施設「ねむの木福祉会」を独力で立ち上げた。

「ねむの木福祉会」が発足して間もない七〇年代初めに、宮城さんを私に紹介してくれたのは、松下電器産業（現・パナソニック）創業者松下幸之助氏が創刊した小型雑誌『ＰＨＰ』の英語版の編集長松岡紀雄氏（後に神奈川大学経営学部教授）であった。『ＰＨＰ』英語版企画・編集室は、当時六本木ロアビルの九階にあり、松岡氏は松本先生のインタビュー記事を『ＰＨＰ』誌に掲載したいとのことで、何度か私を訪ねてこられた。その結果、オーストラリアのフリーランスジャーナリストであるグレゴリー・マーレイ氏による「Shigeharu Matsumoto: Mr. International House」が『ＰＨＰ』の七五年二月号に掲載された。以来、松岡氏はアイハウスに滞在する外国の著名知識人に『ＰＨＰ』誌への寄稿を依頼するために、アイハウスに頻繁に出入りするようになり、またアスペン・セミナーに参加したこともあって、私との関係も深まった。

一方、「ねむの木学園」は、松下幸之助氏が個人的に支援していたこともあり、同氏の側近であった松岡氏も宮城まり子さんと「ねむの木学園」をよく知るようになり、七七年に宮城さんが制作したドキュメンタリー・フィルム「ねむの木の詩がきこえる」をアイハウスの会員に紹介する機会をつくってほしいと私に相談を持ちかけてこられたのである。当時、アイハウスの会員向け定例プログラムに月例の「文化映画の会」があり、内外のドキュメンタリー・フィルムを精選して紹介していた。松岡氏は、そのプログラムで宮城さんの「ねむの木の詩がきこえる」を取り上げてくれるよう希望されたのである。私はフィルムを事前に見せていただき、松岡氏の要請に応ずることを決めて、七七年五月にアイハウスの講堂で上映した。さまざまな身体的・精神的障害を抱える一二人の子どもたちが、宮城さんの指導で学びながら明るく生きている姿を紹介したこのフィルムは、制作も監督も宮城まり子さんで、主演は一二人の子どもたちとまり子さん、主題歌もまり子さんという、まり子さんずくめの作品である。上演に先立ち着物姿のまり子さんが演壇に立ち、施設に住んでいる子どもたちすべてから「私はお母さんと呼ばれ、私もすべてを私自身の子どもたちだと思っている」ことを語

宮城まり子さん（元ねむの木学園園長、学校法人ねむの木学園提供）

られた。

このフィルムの上映をきっかけに宮城まり子さんは、時々私をアイハウスに訪ねてくるようになり、そしていつの日か「ねむの木学園」をアメリカの人々にも紹介したいという夢も打ち明けてくれた。私はまり子さんの夢の実現に協力することを約束し、まずニューヨークのジャパン・ソサエティーに連絡した。ジャパン・ソサエティーの反応は、積極的ではなかったが、日本人スタッフの川島瑠璃さんの誠意に満ちた配慮で「ねむの木の詩がきこえる」がジャパン・ソサエティーで上映されただけでなく、まり子さんの希望に沿った訪米スケジュールも調整してくれた。まり子さんは、当時のファーストレディーであったカーター大統領夫人エレノア・ロザリン・カーターさんにも会うことができ、さらには歌手として活躍した時代からの夢でもあったハーレムのアポロ・シアターの舞台に立つこともできた。その後まり子さんと会う機会はなくなってしまったが、まり子さんに誘われて一二人の子どもたちと一緒にガーシュインの歌劇の名作「ポーギーとベス」を渋谷の劇場で観賞したことは忘れられない。今でも子どもたちの絵の作品展示会や秋の運動会の案内状、そして子どもたちの見事な作品で構成した大型カレンダーを送っていただいている。二〇一八年にいただいた運動会への案内状には、九一歳になったが「まだ九一歳だ、後一〇年は頑張る」という決意が書き添えてあった（残念ながら二〇二〇年三月に亡くなられた）。

思い出に残るもう一人の日本人は、一年前、九二歳で亡くなられた高見敏弘氏（一九二六～二〇一八）である。高見氏との出会いは、七〇年代初期、同氏がアジアやアフリカの農村指導者育成支援事業「アジア学院」を那須の原野に独力で立ち上げて間もない頃だったと思う。ある日突然、初対面の高見氏が私を訪ねてこられた。用件は、アイハウスの「文化映画の会」で上映した作品を、上映翌日にまとめて借用できないだろうか、貸出先には責任をもって二日後に返却するということであった。借用の目的は、アジア学院で有機農業を中心にした農業技術と自給自足型の農村コミュニティーをどのようにしてつくり上げるか（今でいうSDGs）を学んでいる海外から来た研修生たちに見せてやりたいということであった。「文化映画の会」で上映していた作品はいずれも加固寛子さんと私が方々の試写会に出掛けて精選したもので、制作元から借り受けるには、借用書を提出し、返却期限日も明記しなければならなかったので、安易に第三者にまた貸しはできなかった。しかし、アジアやアフリカからの若者を受け入れてそれぞれのローカルコミュニティーの指導者となる人材育成事業に取り組んでいる高見氏の情熱と誠実な人柄に心を動かされ、あえてまた貸しを了承した。もちろん貸出先の了解を得た上でのことであった。以来、高見氏は「文化映画の会」の翌朝に西那須野から中古車を運転して会館に来られて三～四本の作品を一括して引き取っていかれた。フィルムの借用と返却先は、制作会社や配給会社だがいずれも分かりにくい場所に在ることが多く、借用も返却も担当していた私にとって、高見氏が一括して引き取ってくれたことは返却の手間が省けてありがたかった。しかも律儀な高見氏は、よく実習農場で収

高見敏弘氏（元アジア学院名誉学院長、学校法人アジア学院提供）

穫された新鮮な野菜や鶏卵などを持ってきてくれたので、それを職員食堂の調理場に回しては皆に喜ばれた。高見氏が返却期限内に返却せず、貸出先からの苦情がこちらに寄せられたことは、長く続いたこのまた貸し慣行の中で一度もなかった。

こうした高見氏との関係は七～八年続いたが、「文化映画の会」がなくなったため、高見氏と会う機会もなくなり、氏の存在そのものも私の記憶から消え失せてしまっていたが、二〇一八年九月の新聞訃報記事で高見氏が九二歳の天寿を全うされたことを知り、「文化映画の会」当時の頃と高見氏の誠実な人柄とが同時に鮮明によみがえった。そして高見氏について初めて調べてみて、いろいろなことが分かった。中国東北部（旧満州）の撫順で生まれ、一〇歳で日本に来て小学校卒業後に禅寺に預けられたこと、日雇い労働者として働いていた貧困時代にある奇縁でアメリカ人宣教師宅の住み込みコックとなり、そしてアメリカに渡りイェール大学神学院で学んだキリスト教牧師であったこと、さらにはアジア学院創設とその献身的運営が評価されて九六年にはマグサイサイ賞（平和・国際理解部門）を受賞していること等々。そして独力で立ち上げた「アジア学院」は、今ではアジアやアフリカからだけではなく中南米など世界の発展途上国、そして日本人も受け入れているキリスト教精神に基づいた農業指導者育成専門学校として定評を確立していることも知った。高見氏がアジア学院の創設と発展に注いだ情熱とエネルギーは、松本先生とアイハウスとの関係に共通するものがあることを強く感じた。

本章で言及した六人の人たちに共通するのは、求道者のような誠実さと揺らぐことのない他者に対する寛容性であり、そして人間性の豊かな人柄と高い品性である。そうした特質を強く感じたからこそ齢八〇歳を超えた筆者の記憶に、今なお鮮明なのであろう。

ここに挙げた方々との出会いは、私個人の人生をより豊かなものにしてくれたにとどまらず、アイハウスプログラムの発展にも寄与していただき感謝の思いが深まる。こうした人々との出会いを今振り返ると、「文化交流の原点は人と人をつなぐことにある」と繰り返された松本先生の言葉が、一層大きな意味をもって響いてくるような気がする。

エピローグ

今や国際文化会館の施設はリニューアルされて快適性が増し、組織体制も若返り強化された。公益財団法人の資格も取得し、税制上の優遇措置が恒久的に認められて課税控除対象となる寄付金受け入れも可能になった。他方、異文化間のコミュニケーション手段はＩＴ技術のとどまることのない急速な進歩により、人と人との関係にも基本的な変化をもたらしつつある。それに伴い、あらゆる分野においてグローバリゼーション現象が、これまたとどまることなく拡大・深化しつつある。こうした現象は、人類社会がこれまでとは次元の異なる新しい文明の黎明期にあることを示唆しているのかもしれない。行き着く先が予測できないグローバリゼーションが進む新しい時代にアイハウスはどのような役割を果たすべきなのであろうか。あるいは果たせるのだろうか。

この問いに答えるのは容易ではない。新たな挑戦である。松本先生は戦後いち早く文化交流が国際社会への復帰を目指す日本にとって欠かせない重要な事業であると認識し、同志のエリート知識人、財界人そしてロックフェラー三世らの支援を得、国際文化会館を設立した。そして国際文化会館は「文化交流は人に始まり、人に終わる」を信条に掲げ知識人交流を中心にしたさまざまな交流事業を展開し、民間による戦後国際交流の先達として高く評価されてきた。間もなく創設七〇周年を迎えるアイハウスは、新しい時代に何を目指し、その独自性をどのように発揮するのであろうか。創設者たちの高い志が築き上げた伝統の発展的継承には、さまざまな試行錯誤がいることだろう。松本先生が好んで口にされた「文化交流は人に始まり、人に終わる」の意味を、AIに象徴される新しい文明の黎明期に改めて考え、その再発見を試みることは決して無意味ではないだろう。ただ同時にそのような伝統にはあえてこだわる必要などない、との声もあるのかもしれない。

また、創設時に大きな意味のあったエリート知識人がテ・タ・テの対話をするために設計され建設された施設と運営組織は、新しい制度の下で公益財団法人に認可されたことにより、もはやエリート知識人に限られた空間ではなくなり、広く一般に公開された広場となった。もちろん、公共に開かれた空間にあっても、密度の濃い知的対話は工夫を凝らすことで可能であり、またエリート知識人たちの対話が、一般市民との接触によってより深化する場合もあろう。次世代の若いリーダーたちが、新しい試みを大胆に導入しながら、松本重治先生をはじめとする先人たちが蒔き、育てた伝統と歴史に新しい文明の黎明期にふさわしい先見性のある役割を果たすであろうと確信し、期待して筆を置く。

付　録：平成一五年度国際交流基金・国際交流奨励賞授賞式のスピーチ

（著者、二〇〇三年一〇月八日）

国際交流奨励賞をいただくことは私にとって大きな喜びであり、誇りでもあると同時に、このような栄誉に浴しますことは文字通り青天の霹靂《へきれき》であり、夢想だにしませんでした。と申しますのは、私が四十数年やってきたことは、このような晴れがましい舞台に自らは立たず、国際交流の裏方に徹することであり、それが私の天職であると信じて仕事をしてきたからであります。表彰に値するとすればそれは私個人ではなく、私に意欲と情熱を持って取り組める仕事を与えてくれた組織としての国際文化会館であり、またそこでの先輩、同僚、後輩の方々であろうかと思います。裏方の仕事が認められ、評価されましたことは、国際交流に携わる多くの方々にとって大きな励みになるだろうと思います。

顧みますと、創立後間もない国際文化会館に公募第一期生として一九五九年に就職した当時は、戦後、日のそう経っていない時期でしたから、国際文化交流事業を組織的に行う団体は、国際交流基金の前身として戦前からあった国際文化振興会と国際文化会館など極めて限られておりました。国際文化会館は、新渡戸稲造の門下生たちが中心にロックフェラー財団の財政援助を得て、海外との学術交流、文化交流を民間のレベルで進めていくための組織として、一九五二年に発足しました。創生期の勢いと熱気に満ちあふれる国際文化会館で仕事をはじめることができたのは、私にとって大きな幸運でした。

平成15年度 国際交流基金・国際交流奨励賞授賞式（著者提供）

　なぜなら、そこには高木八尺、松本重治、前田陽一、マリウス・ジャンセンなど、いずれも国際交流基金賞に輝いた大先達が、国際文化交流論を論じ、さまざまな交流事業を実践していた姿を至近距離から観察し、直接学ぶ機会に毎日恵まれたからであります。こうした先達をはじめ、国際文化会館に集まり散じた多くの内外の学者、芸術家たちが異口同音に強調していたある一つの理念が、今思い起こされます。それは、文化交流は、様々な文化や価値を体現する存在としての個人が、お互いに知的・文化的刺激を受けて、新しい創造エネルギーが発生するような接触の場を作り、それを膨らませていくことにある、従って短期的な費用と効果という観点に縛られてはならない、遠回りではあっても種を蒔き、それを丹精こめて育てていくという長期的な観点を重視すべきである、そして究極的には、狭い国益を超えるような普遍性の高い知的交流、文化交流への貢献を目指すべきである、ということでした。

　このような信念は、高度情報化とグローバライゼーションが急激に進展していく二一世紀の中においてもなお意味を持つであろうという信念を持ち続けながら、そしてこの栄えある賞を心強い励みとして、いっそう精進していくつもりでございます。ありがとうございました。

あとがきに代えて

著者加藤幹雄氏は、本書の公刊を見届けることなく、二〇二〇年七月、病のため帰天された。八四歳五カ月の誠実で凜としたまっすぐな生涯であった。本書のあとがきは著者の代わりに最愛の百合子夫人が書かれるはずであったが、諸般の事情によりそれが能わず、親しく教えを受けた私が埋め草の役を果たすことになった。

加藤幹雄氏は、日本が高度経済成長期にさしかかっていた一九五九（昭和三四）年、大学卒業と同時に国際文化会館に勤務し、師と仰ぐ松本重治理事長の下で一貫して国際的な文化・知的交流の最前線で活躍されてきたことは周知の通りである。そうした加藤氏の貢献は内外で高く評価され、二〇〇三年度には国際交流基金から「地球的規模の知的交流・相互理解に多大なる業績」をあげたことにより国際交流奨励賞を授与されている。その授賞式でのスピーチで、加藤氏は「私が四十数年やってきたことは、このような晴れがましい舞台に自らは立たず、国際交流の裏方に徹することであり、それが私の天職であると信じて仕事をしてきたからであります」と述べている（本書付録参照）。この一言に加藤氏の謙虚で優しい人柄が凝縮されているといっても過言ではない。

八〇代を迎えた加藤氏が、自らの「裏方に徹した天職」の足跡を一字入魂の想いで綴り始めて以来、百合子夫人によればそれまでと違い夕食を済ますと話し好きな氏はそそくさと書斎に入り夜遅くまで机に向かう日々であったという。この間、何を書いているのか問いかけても最後まで黙して語らずであったとのことであった。ご家族にとっては酷なことであったと思われるが、それだけ加藤氏は自らの「天職」を後世に、とりわけ文化的・政治的ナショナリズムが渦巻く今日の国際社会の中でさまざまなレベルで国際交流に従事する人々に何かを伝え残したいという強い使命感・責任感を東北人らしく一途に背負っておられたのではないだろうか。

本書は、（公財）新聞通信調査会の二〇一〇年度出版助成金を受けて刊行が可能となったものである。数多くの応募作品の中から本書の価値と意義を認め、選んでいただいた新聞通信調査会ならびに同審査委員会に深甚の謝意を加藤氏ご家族ともども表させていただきたい。

編集作業に当たっては同調査会編集長・倉沢章夫氏から数度に及ぶ編集会議において格別のご配慮をいただき感謝に堪えない。編集の実務においては熟達の編集者（元（株）時事通信出版局取締役）相澤与剛氏から本書の洛陽の紙価を高めるべく細心の心配りをいただいた。そして佐治泰夫氏（出版ＮＰＯフェスティナレンテ代表）は、兄事する加藤幹雄氏の執筆の最初から最後まで、終始一貫言葉の真の意味において「寄り添って」献身的な協力を惜しまれなかった。本書に掲載した写真もほとんど佐治氏が準備されたものである。なお写真・資料については、加藤幹雄氏のご家族（百合子夫人、幹一郎様、晴子様）の全面的なご支援の他、（公財）国際文化会館・丸山勇常勤顧問、（公財）高山国際教育財団、（学法）ねむの木学園、（学法）アジア学院等より温かいご協力をいただいた。

紙幅の都合によりここに明記できなかった方々を含め、本書は校閲から印刷までの過程で多くの方々に支えられ誕生することができた。その本書を、今は天界におられる著者加藤幹雄氏に一日も早くお届けしたい気持ちでいっぱいである。合掌。

二〇二一年二月五日

早稲田大学名誉教授・国際文化会館前理事
後藤乾一

著者紹介

加藤幹雄（かとう・みきお）

1936年2月、福島県生まれ。1959年、早稲田大学政治経済学部卒業。1962年、ブランダイス大学（Brandeis University）修了。

1959-2012年、（財）国際文化会館勤務。同企画部長、常務理事、常任参与を歴任。この間、アメリカ研究振興会理事、日米協会理事、アジア研究協会評議員、髙山国際教育財団評議員、早稲田大学非常勤講師などを務める。

2020年7月、死去。

著書：

『国際文化会館50年の歩み――1952-2002』（国際文化会館、2002）
『The First Fifty-five Years of the International House of Japan：Genesis, Evolution, Challenges, and Renewal』（I-House Press, 2012）
『ロックフェラー家と日本　日米交流をつむいだ人々』（岩波書店、2015）

共編著：

『Japan and Its Worlds: Marius B. Jansen and the Internationalization of Japanese Studies』（I-House Press, 2007）

訳書：

マーティン・J. シャーウィン『破滅への道程――原爆と第二次世界大戦』（TBS ブリタニカ、1978）
マリウス・B. ジャンセン『日本――二百年の変貌』（岩波書店、1982）
テオ・ゾンマー『不死身のヨーロッパ――過去・現在・未来』（岩波書店、2000）
マリウス・B. ジャンセン『日本と東アジアの隣人――過去から未来へ』（岩波書店、1999）
ワン・ガンウー『中華文明と中国のゆくえ』（岩波書店、2007）
アマルティア・セン『グローバリゼーションと人間の安全保障』（日本経団連出版、2009）

受賞等：

1972年、ウィッテンバーグ大学（米オハイオ州）より名誉学位授与
1993年、外務大臣表彰
2003年、国際交流基金国際交流奨励賞受賞

文化交流は人に始まり、人に終わる
——私の国際文化会館物語

発行日　2021年３月28日
著　者　加藤幹雄
発行者　西沢　豊
発行所　公益財団法人 新聞通信調査会

〒100-0011　東京都千代田区内幸町２-２-１
日本プレスセンタービル１階
電話（03）3593-1081（代表）
URL：https://www.chosakai.gr.jp
ISBN978-4-907087-18-0

〔公益財団法人新聞通信調査会
2020年度出版補助対象書籍〕

編集：公益財団法人新聞通信調査会　倉沢章夫
編集協力：相澤与剛
装幀　坂田政則
印刷所　㈱太平印刷社